HUHU MÄDELS,
AB INS GRILLOUTFIT,
HIER GEHT'S
ZUR PARTY!

ANJA SOMMERFELD

GRILLEN FÜR

Richtige Mädchen

INHALT

IMPRESSUM

3. Auflage 2014
© 2013 by Südwest Verlag, einem Unternehmen der Verlagsgruppe Random House GmbH, 81673 München.

Alle Rechte vorbehalten. Vollständige oder auszugsweise Reproduktion, gleich welcher Form (Fotokopie, Mikrofilm, elektronische Datenverarbeitung oder durch andere Verfahren), Vervielfältigung, Weitergabe von Vervielfältigungen nur mit schriftlicher Genehmigung des Verlags.

Hinweis: Das vorliegende Buch ist sorgfältig erarbeitet worden. Dennoch erfolgen alle Angaben ohne Gewähr. Weder die Autoren noch der Verlag und seine Mitarbeiter können für eventuelle Nachteile oder Schäden, die aus den im Buch gegebenen Hinweisen resultieren, eine Haftung übernehmen.

Redaktionsleitung: Susanne Kirstein
Projektleitung: Eva Wagner
Redaktion: Isabella Kortz, www.isabella-kortz.de
Korrektorat: Dr. Ulrike Kretschmer

Bildredaktion: Sabine Kestler
Fotografie: Ulrike Schmid & Sabine Mader, www.fotos-mitgeschmack.de
Satz und Produktion: Katja Muggli, www.katjamuggli.de
Umschlaggestaltung und Layout: Katja Muggli, www.katjamuggli.de
Reproduktion: Regg Media GmbH, München
Druck und Verarbeitung: Mohn media Mohndruck GmbH, Gütersloh
Printed in Germany

Verlagsgruppe Random House FSC® N001967
Das für diesen Titel verwendete FSC®-zertifizierte Papier *Profisilk* wurde produziert von *Sappi Stockstadt.*

ISBN: 978-3-517-08858-7

Hier grillt
die Frau!
Zisch ab
Mann!

DIE TOP 10

FÜR GRILLMEISTERINNEN

... Bei Mädchen geht es immer um den Gesamteindruck!

1 Ein praktischer Gas- oder Elektro-Tischgrill, der sich easy reinigen lässt

Ein schön gedeckter Tisch

3 Verschiedene Salate, Saucen und Beilagen

Vorbereitetes Grillgut in diversen Schälchen

5 Warmes Brot

6 Eine Auswahl an Kaltgetränken – und natürlich ausreichend Wasser

7 Mindestens dreierlei Gläser für den Aperitif, den Wein und das Wasser

8 Mindestens drei Freundinnen zum Plaudern, Lachen und Lästern

9 Ein handlich-leichtes Grillbesteck

10 Ein passendes Sommerfest-Outfit, an sich selbst und auf der Grilltafel: Kerzen und Musik für den perfekten Grillrahmen

10 WEISHEITEN
VON
GRILLGÖTTINNEN

1   Jedes Grillen beginnt mit einem ausgiebigen Telefonat mit den Freundinnen.

2   Ob Glut, Grill oder Gas – Hauptsache, es macht Spaß!

3   Eine schlaue Frau lässt grillen!

4   Ist der Grill erst einmal an, bleibt sie nicht lange ohne Mann!

5   Nach dem Grillen ist vor dem Grillen: Also wickelt Frau den noch heißen Grillrost in mit reichlich Apfelessig getränktes Zeitungspapier ein. Und über Nacht ist die Reinigung vollbracht!

6   Etwas brauner Zucker verleiht dem Grillgut eine krosse Haut.

7   Zu später Stunde machen Eiweiß und Vitamine die genüssliche Runde! Ergo: Zu Fisch oder Fleisch reicht Frau reichlich Salat und Gemüse.

8   Kartoffeln und Brot sind der schlanken Hüfte ... Tod! Deshalb: Weniger ist mehr!

9   Gegessen wird von kleinen Spießen, und getrunken wird aus großen Kelchen!

10   Grillen und Genießen ohne Musik ist möglich, aber nicht sinnvoll!

10 GOLDENE GRILLREGELN

1 Grillspieße aus Holz o. Ä. sollten immer vorab gewässert werden. (Gerne auch in Fruchtsäften!)

2 Mariniertes Grillgut sollte vor dem Grillen mit Küchenpapier leicht abgetupft werden, um das Abtropfen von Marinade auf die Glut zu vermeiden!

3 Fleisch und Geflügel sollten etwa 3 Stunden vor dem Grillen aus dem Kühlschrank genommen werden, damit sich die Fleischfasern entspannen können!

4 Um jedwedes Grillgut vor Insekten und anderen Biestern zu schützen, sollten diverse Fliegengitterhauben bereitgestellt werden. Denn nur Männer mögen lebende Beilagen.

5 Medium ist das Grillgut, wenn sich der Druck mit einer Gabel auf das Fleisch genauso anfühlt wie der Druck auf die eigene Nasenspitze! Ein »Oberlippendruckgefühl« verheißt roh! Und der Stirndruck ... Na ja, zu gut durchgebraten.

6 Niemals das Grillgut mit Flüssigkeit auf dem Grill ablöschen. Denn die aufsteigenden Dämpfe verfälschen das Aroma, und der Grill bedarf danach einer besonders gründlichen Reinigung. All das überlässt die Dame von Welt lieber dem Herrn der Schöpfung!

8 Kurz gebratenes Gemüse direkt vom Grill in eine leichte Marinade, zum Beispiel aus Olivenöl, Apfelsaft, Salz und Pfeffer – FERTIG ist die schnelle Vorspeise!

Ohne passende Schürze geht Frau nicht ans Grillgut! Denn nach dem Grillen ist vor dem stimmungsvollen Sundowner – und wer möchte schon fettbespritzt bei einem Cocktail sitzen? 7

9 Immer reichlich Eiswürfel vorrätig haben! Nichts ist schlimmer als warmer Prosecco oder Cocktails ohne klirrend-kalten Inhalt!

10 Wenn schon Einweggeschirr, dann mit grünem Fußabdruck: Holzbesteck und Bambusschalen!

BEILAGENTHEKE!

MELONEN-ORANGEN-SALAT
im Granatapfelsud

T I P P

Für den Aromakick für jeden Gast 1/2 ungeschälte Orange mit auf den Grill legen und nach etwa 5 Minuten den heißen Saft über dem Melonensalat auspressen.

ZUTATEN FÜR 4 MÄDCHEN

2 Granatäpfel • 2 Biozitronen
5 g frischer Ingwer
Salz und Pfeffer aus der Mühle
4 Orangen • Fruchtfleisch von ½ Wassermelone

1. Granatäpfel halbieren, andrücken und Kerne aus der Schale brechen.

2. Zitronen waschen, Schale abreiben und die Zitronen anschließend auspressen. Ingwer schälen und fein würfeln.

3. Granatapfelkerne, Zitronensaft und -abrieb sowie Ingwer vermengen. Mit Salz und Pfeffer aus der Mühle je nach Gusto würzen.

4. Orangen schälen und Fruchtfleisch filetieren. Melonenfruchtfleisch in mundgerechte Mädchenwürfel schneiden.

5. Orangen- und Melonenstücke im Zitronen-Ingwer-Granatapfelsud etwa 30 Minuten ziehen lassen. Noch mal abschmecken und servieren.

ALLES IN BUTTER!

1 Knoblauchzehe
2 Biozitronen
250 g fein gesalzene Butter (zimmerwarm)
1 EL Feinzucker

ZITRUSBUTTER-
ROLLE

1. Knoblauchzehe abziehen und in Würfel schneiden. Zitronen gut waschen, abtrocknen und Schale abreiben. Zitronen anschließend auspressen.

2. Butter zusammen mit allen anderen Zutaten mit einem Schneebesen oder Handrührer leicht cremig rühren.

3. Masse anschließend als Rolle auf Klarsichtfolie geben, einrollen und in Alufolie gewickelt in den Tiefkühlschrank legen.

250 g fein gesalzene Butter
Abrieb und Saft von 1 Bioorange
1 EL Campari
1 TL grüner Pfeffer aus der Lake

Zubereitung siehe Zitrusbutterrolle

CAMPARI-ORANGEN-BUTTER

GRÜNE GRILLROLLEN-BUTTER

250 g fein gesalzene Butter
100 g Bärlauch, fein geschnitten
Abrieb und Saft von 2 Biolimetten
1 TL Räuchersalz

Zubereitung siehe Zitrusbutterrolle

250 g fein gesalzene Butter
1 EL Apfel und 1 EL Birne
(leicht säuerlich), fein gewürfelt
2 EL Ras el-Hanout • 1 TL Rohrzucker

Zubereitung siehe Zitrusbutterrolle

CURRYBUTTER FÜR DIE GRILLQUEEN

SCHWARZE OLIVENBUTTER

250 g fein gesalzene Butter
100 g schwarze Oliven, fein gehackt
1 EL Knoblauch, fein gewürfelt
Abrieb und Saft von 1 Biolimette
2 EL frischer Koriander, fein gehackt

Zubereitung siehe Zitrusbutterrolle

ZUTATEN FÜR 4 MÄDCHEN

4 große festkochende Kartoffeln • Salz

FÜR DIE FÜLLUNG

*5 Blätter frisches Basilikum
2 Frühlingszwiebeln • 3 Cocktailtomaten
100 g Büffelmozzarella • 1 EL Olivenöl
Salz und Pfeffer aus der Mühle*

Gefüllte
KARTOFFELGONDELN

1. Kartoffeln in reichlich Salzwasser bissfest kochen. Noch heiß in zwei Hälften teilen und mit einem Löffel bis auf etwa 5 Millimeter Rand aushöhlen.

2. Basilikumblätter waschen, trockentupfen und fein hacken. Frühlingszwiebeln putzen und würfeln. Cocktailtomaten waschen, abtrocknen und in feine Würfel schneiden. Büffelmozzarella in kleine Stücke zupfen. Alle Zutaten gut in einer Schüssel vermengen.

3. Kartoffelgondeln mit der Füllung befüllen.

4. Bei geschlossenem Grill und indirekter Hitze etwa 20 Minuten rösten.

Nebenbuhler?
Am Grill
ausdrücklich
erwünscht!

ZUTATEN FÜR 4 MÄDCHEN

3 rote Paprikaschoten • 3 gelbe Paprikaschoten
4 kleine Weckgläser

FÜR DIE MARINADE

3 Frühlingszwiebeln • 3 Knoblauchzehen
1 Biozitrone • 3 Zweige frischer Thymian
100 ml gutes Olivenöl • 3 EL Apfelessig
Salz und Pfeffer aus der Mühle

Pikantes
PAPRIKASCHOTEN-DUETT

1. Paprikaschoten entkernen und in fingerdicke Streifen zerteilen. Auf der Hautseite über der heißen Glut rösten, bis sie Blasen werfen.

2. Die heißen Paprikaschotenstreifen in einen Gefrierbeutel stecken und verschlossen darin langsam abkühlen lassen.

3. Nach dem Abkühlen (etwa 20 Minuten) die Haut von den Paprikaschotenstreifen ziehen und die Paprikaschoten in eine Schüssel geben.

4. Frühlingszwiebeln putzen, Knoblauchzehen abziehen und Zitrone schälen. Alles in Streifen schneiden. Thymian waschen, trockentupfen und die Blättchen von den Zweigen zupfen. Mit den anderen Zutaten für die Marinade gut vermengen.

5. Die Marinade zusammen mit den Paprikaschotenstreifen in Weckgläser füllen und verschlossen mindestens 5 Stunden bei Zimmertemperatur marinieren lassen.

ZUTATEN FÜR 4 MÄDCHEN

10 g frischer Ingwer • 2 rote Paprikaschoten
2 gelbe Paprikaschoten • 2 gelbe Zucchini
2 grüne Zucchini • 1 Aubergine
2 Büffelmozzarella • 1 Zweig frischer Rosmarin
1 Zweig frischer Thymian • 1 frisches Lorbeer-
blatt • 150 ml Olivenöl • 150 ml süßer Portwein
Salz und Pfeffer aus der Mühle • Alufolie
1 Biozitrone

WARMES RATATOUILLE
— mit gezupftem Büffelmozzarella —

1. Ingwer schälen und fein würfeln. Alle Gemüsezutaten gut waschen, putzen und in Würfel schneiden. Büffelmozzarella in Stücke zupfen.

2. Rosmarin und Thymian grob hacken. Gemüsewürfel mit Kräutern und Olivenöl sowie Portwein vermischen. Mit Salz und Pfeffer aus der Mühle würzen.

3. Alles in Alufolie wickeln und etwa 15 Minuten lang geschlossen grillen.

4. Aus der Folie in eine Schale füllen, mit dem gezupften Büffelmozzarella abrunden und mit der geviertelten Zitrone dekorieren. Je nach Gusto das Ratatouille mit dem Saft der Zitrone beträufeln.

FRAU mit Grill sucht Mann mit KOHLE

ZUTATEN FÜR 4 MÄDCHEN

4 Salatherzen vom Romanasalat
5 EL Parmesan, gerieben • 3–4 Tropfen Aceto balsamico

FÜR DIE MARINADE

3 EL Olivenöl • 2 EL Apfelsaft • 1 EL Zitronensaft
1 TL Honig • Salz und Pfeffer aus der Mühle

HEISSE HERZEN

EXTRATIPP

Ein paar hauchdünne Erdbeerscheiben machen diese heißen Herzen zu einem sinnlichen Augen- und Gaumenschmaus!

1. Salatherzen längs halbieren und unter fließendem kaltem Wasser waschen. Anschließend mit Küchenpapier gut trockentupfen.

2. Zutaten für die Marinade in einer Schüssel mit dem Schneebesen gut vermischen und dann die Salatherzen auf der Schnittseite mit einem Pinsel damit bestreichen.

3. Bestrichene Salatherzhälften sofort mit der Schnittfläche auf den heißen Grill geben und nach etwa 3 Minuten die heißen Herzen auf der Blattseite auf einem Teller anrichten.

4. Mit der restlichen Marinade beträufeln und je nach Gusto mit fein geriebenem Parmesan und ein paar Tropfen altem Aceto balsamico abschmecken.

CHUTNEYS

Passt zu:
• Burgern
• Hack- und Rindfleisch
• Grillgemüse

Rotes ZWIEBELCHUTNEY

ZUTATEN FÜR 4 MÄDCHEN

500 g Zwiebeln • 5 Knoblauchzehen
5 EL getrocknete Sauerkirschen
2 EL Rapsöl mit Buttergeschmack (z. B. Albaöl)
150 g brauner Zucker • 250 ml Kirschsaft
250 ml Rotwein • 1 EL grüner Pfeffer aus der Lake
Salz aus der Mühle • 1 Weckglas

1. Zwiebeln und Knoblauch abziehen und fein würfeln. Beides mit den Sauerkirschen im heißen Rapsöl anschwitzen und im Anschluss mit dem Zucker glasieren. Dann mit Kirschsaft und Rotwein ablöschen.

2. Alle Zutaten zusammen bei mittlerer Hitze etwa 2 Stunden einkochen.

3. In ein Weckglas gefüllt, hält sich das Chutney im Kühlschrank gut 4 Wochen.

TOMATENCHUTNEY
für Tussis

ZUTATEN FÜR 4 MÄDCHEN

*2 süße Äpfel • 2 Gemüsezwiebeln
3 Knoblauchzehen • 3 EL Olivenöl
200 g brauner Zucker • 3 kg frische
Strauchtomaten • 1 EL Chiliflocken
1 EL Räuchersalz • 1 EL grüner Tabasco
200 ml Himbeeressig • 1 Weckglas*

1. Äpfel schälen, Gemüsezwiebeln und Knoblauch abziehen. Alles fein würfeln. Im heißen Olivenöl mit braunem Zucker glasieren.

2. Strauchtomaten waschen, abtrocknen und in kleine Stücke schneiden. Tomatenwürfel zu der glasierten Apfel-Zwiebel-Knoblauch-Masse geben und bei mittlerer Hitze etwa 30 Minuten einkochen.

3. Nun die restlichen Zutaten dazugeben und noch mal etwa 2 Stunden einkochen.

4. In ein Weckglas gefüllt, hält sich dieses Chutney gekühlt gut 4 Wochen. Auch ideal zum Verschenken an gute Freundinnen!

Passt zu:
• Kurzgebratenem
• Schmorfleisch
• Röstbrot

Passt zu:
• Hähnchenfleisch
• Schaltieren
• Käse

APRIKOSENCHUTNEY

1. Zwiebeln und Knoblauch abziehen und fein würfeln. Chilischoten entkernen und grob hacken. Aprikosen in Würfel schneiden. Alle Zutaten (ohne die Äpfel!) in einem Topf bei mittlerer Hitze etwa 3 Stunden einkochen.

2. Äpfel schälen, entkernen und das Fruchtfleisch würfeln. Die Apfelwürfel unter die heiße Masse rühren und direkt in Weckgläser abfüllen.

ZUTATEN FÜR 4 MÄDCHEN

*5 weiße Zwiebeln • 5 Knoblauchzehen
3 frische rote Chilischoten
500 g Aprikosen, frisch oder getrocknet
500 g frische Aprikosen
400 g Feinzucker • 200 ml Apfelessig
1 TL Salz • 3 Äpfel • Weckgläser*

*2 weiße Zwiebeln • 2 Knoblauchzehen
1 EL frischer Ingwer • 2 EL Olivenöl
300 ml Ketchup • 200 ml Himbeeressig
50 g brauner Zucker • 50 ml Ahornsirup
2 EL Worcestersauce • ½ TL Salz
½ TL rote Pfefferkörner • ½ TL Currypulver*

TIPP

Um die Sauce beim Servieren noch etwas zu verfeinern, frische, fein gewürfelte Erdbeeren dazugeben. Das gibt eine feine Fruchtnote, die besonders zu gegrilltem Hühnchen und Kalbfleisch passt.

Barbies
BBQ-SAUCE

1. Zwiebeln und Knoblauch abziehen, Ingwer schälen und alles würfeln. In einem Topf in Olivenöl anschwitzen und nach etwa 3 Minuten mit den restlichen Zutaten auffüllen.

2. Bei mittlerer Hitze etwa 30 Minuten einkochen lassen. Anschließend fein pürieren und in eine dekorative Glasflasche füllen. Barbies BBQ-Sauce ist im Kühlschrank etwa 3 Wochen haltbar! Perfekt für heiße Sommer, wenn du gleich mehrmals mit deinen Freundinnen grillst!

Gute Mädchen kommen in den Himmel, Grillmädchen überallhin!

TOTAL SPIESSIG!

Wie im richtigen Leben gibt es auch bei den Grillspieße(r)n unterschiedlichste Arten.

GESPIESST WERDEN KANN:

- auf Metallspieße
- auf Holzspieße (bitte vorab lauwarm wässern, damit sie der Glut länger die Stirn bieten können!)
- auf Rosmarinzweige (lecker zu Lamm)
- auf Zitronengras (eine Offenbarung in Kombination mit Gambas)
- auf Süßholz

Fertig Gegartes wird natürlich von der Dame mit einem kleinen Spieß zum Munde geführt, nicht mit den blanken Fingern. Hier eignen sich sowohl feine Bambusspießchen als auch schnöde Zahnstocher als Spieß-Ersatz.

Spring in den Mund
SALTIMBOCCASPIESSE

1. Kalbsschnitzel kalt abspülen und mit Küchenpapier gut trockentupfen. Das Fleisch in speckstreifenbreite Streifen schneiden.

2. Salbeiblätter und Pfefferkörner grob hacken und mit dem Ahornsirup gut vermengen.

3. Schnitzelstreifen mit der Salbeimischung bestreichen. Nun den Speck auflegen und mit einem langen Spieß in Wellenform längs aufspießen.

4. Die Spieße bei mittlerer Hitze auf dem Rost umseitig grillen.

TIPP

Ladys' Night? Rucolasalat und eine gewürfelte frische Feige dazu reichen!

ZUTATEN FÜR 4 MÄDCHEN

4 dünne Kalbsschnitzel
12 Scheiben Tiroler Speck

FÜR DEN MANTEL

12 frische Salbeiblätter
1 EL Szechuan-Pfeffer
1 EL Ahornsirup

500 g Rinderfilet • 12 frische Riesengarnelen (Gambas)
16 Stiele Zitronengras • Limettensaft
Salz aus der Mühle

FÜR DEN LACK

2 Knoblauchzehen • 1 EL roter Kampot-Pfeffer
2 EL Olivenöl • 2 EL Tomatensugo • 2 EL Hummerfond

TIPP

Für echte Ladys: Hierzu geht nur ein Glas Rosé-Champagner im geeisten Glas!

SURF & TURF
zum Ladys' Lunch

1. Rinderfilet kalt abspülen, mit Küchenpapier gut trockentupfen und in Würfel schneiden. Gambas pulen. Filetwürfel und Gambas abwechselnd auf die Zitronengrasstiele spießen.

2. Knoblauchzehen abziehen und fein würfeln. Kampot-Pfefferkörner zerstoßen. Mit den restlichen Zutaten für den »Lack« gut vermischen und diesen über die Spieße geben. Zugedeckt etwa 5 Stunden im Kühlschrank marinieren.

3. Die Spieße unter stetem Wenden auf kräftiger Glut umseitig 8 bis 10 Minuten grillen.

4. Vor dem galanten Gaumenschmaus gern noch mit etwas Limettensaft und Salz abschmecken!

MAISPOULARDEN-BRUSTSPIESSE
im Aperolsud

ZUTATEN FÜR 4 MÄDCHEN

*4 kleine Maispoulardenbrüste • 16 Stiele Zitro-nengras • Salz und Pfeffer aus der Mühle
2 Knoblauchzehen • 2 Chilischoten
2 Bioorangen • 25 g Lindenblütenhonig
100 ml Aperol • 1 Sternanis • 2 EL Olivenöl*

KNOW-HOW

Hier muss zwar vorbereitet werden,
aber Ladys, es lohnt sich!
Vorbereitungszeit: etwa 15 Minuten
Zubereitungszeit: etwa 25 Minuten

1. Maispoulardenbrüste kalt abspülen, mit Küchenpapier gut trockentupfen und in fingerdicke Streifen schneiden.

2. Maispoulardenstreifen auf Zitronengrasstiele spießen und je etwa 5 Minuten lang grillen. Auf einem Holzbrett 5 Minuten ruhen lassen und anschließend leicht salzen und pfeffern.

3. Knoblauch abziehen und fein würfeln. Chili längs halbieren und entkernen. Orangen gut waschen, abtrocknen, Schale abreiben und Orangen dann jeweils halbieren. Knoblauch, Chili, Orangenabrieb, Honig, Aperol und Sternanis 5 Minuten in einer Aluschale auf dem Grill erhitzen. Die halbierten, abgeriebenen Orangen mit der Schnittseite kurz auf den Grill legen.

4. Die Spieße in die Aluschale geben und noch mal etwa 5 Minuten lang bei geschlossenem Deckel fertig grillen.

5. Zum krönenden Abschluss die Spieße mit dem restlichen Grillsud aus der Aluschale und dem heißen Saft der Grillorange übergießen, dann servieren.

TIPP

Am geschmeidigsten harmoniert hierzu ein schnelles Taboulé, siehe Rezept unten.

ZUTATEN FÜR 4 MÄDCHEN

12 Lammfinger • 12 große, kräftige Zweige Rosmarin

FÜR DIE MARINADE

*100 ml Olivenöl • 100 ml Portwein • 1 EL Honig
1 EL Biozitronenabrieb • 1 TL Currypulver
1 TL Zimtpulver • 1 TL Muskatnuss, frisch gerieben
1 TL Räuchersalz*

MARINIERTE LAMMFINGER
auf Rosmarinspieß

1. Lammfinger kalt abspülen, mit Küchenpapier gut trockentupfen und mit der größeren Seite voran auf die Rosmarinzweige spießen.

2. Alle Zutaten für die Marinade gut vermischen und die Lammspieße damit übergießen. Abgedeckt über Nacht im Kühlschrank marinieren. Mindestens 2 bis 3 Stunden vor dem Grillen aus dem Kühlschrank nehmen!

3. Auf dem heißen Rost bei mittlerer Hitze etwa 10 Minuten umseitig grillen. Zwischenzeitlich ruhig noch mal durch die Marinade ziehen und erneut nachgrillen.

Extra leichtes Taboulé*

1 Bund Blattpetersilie, grob gehackt • Saft und Schale von 2 Biozitronen
2 Knoblauchzehen, fein gewürfelt • 2 EL Olivenöl • 3 EL Granatapfelkerne • Salz und Pfeffer aus der Mühle

Zutaten gut vermengen und das Taboulé zum Lamm servieren!

(*Wer auf Kohlenhydrate nicht verzichte möchte, gibt zum Rezept noch 200 Gramm gekochten Couscous.)

Wir lästern nicht am Grill, wir stellen nur fest!

KOKETTE
CALAMARETTE

ZUTATEN FÜR 4 MÄDCHEN

500 g frische Mini-Tintenfischtuben

FÜR DIE MARINADE

3 Biolimetten • 3 Biozitronen • 4 Knoblauchzehen
5 frische Lorbeerblätter • 6 EL Olivenöl • 1 TL Currypulver
Salz und Pfeffer aus der Mühle

1. Frische Mini-Tintenfische unter kaltem Wasser kräftig abspülen, gut trockentupfen und anschließend in eine Schüssel geben.

2. Limetten und Zitronen waschen und abtrocknen. Schale abreiben, Früchte auspressen. Knoblauch abziehen und fein würfeln. Mit allen anderen Zutaten gut vermischen, mit Salz und Pfeffer aus der Mühle würzen.

3. Mini-Tintenfischtuben mit der Marinade übergießen und etwa 1 Stunde bei Zimmertemperatur marinieren lassen.

4. Marinierte Mini-Tintenfischtuben auf Spieße stecken und unter stetem Wenden auf dem heißen Grill 7 bis 10 Minuten kross garen. Zwischendurch die Spieße gern noch mal mit Marinade bestreichen.

TIPP

Wer Holzspieße zum Grillen verwenden will, sollte diese 15 Minuten vor dem Spießen in lauwarme Flüssigkeit legen, um das Holz leicht aufzuweichen und das Aufspießen zu erleichtern. Lauwarmes Wasser ist die neutrale Variante. Für echte Ladys bietet sich natürlich auch Weißwein, Rosé oder einfach direkt Champagner an!

ZUTATEN FÜR 4 MÄDCHEN

12 Hähnchen-Unterbrustfilets • 50 g Chips (Sour Cream)
12 Schaschlik-Holzspieße

FÜR DEN DIP

2 EL Apfelmus • 1 TL Räuchersalz • 1 EL Olivenöl
1 Prise Currypulver und Salz aus der Mühle

LADYFINGER-
CHICKEN-STICKS

1. Hähnchen-Unterbrustfilets kalt abspülen, mit Küchenpapier gut trockentupfen und bei Bedarf in breite Streifen schneiden. Alle Zutaten für den Dip leicht vermischen, Sour-Cream-Chips zerbröseln und beides bereitstellen.

2. Schaschlik-Holzspieße 10 Minuten lang in lauwarmem Wasser wässern. Dann die Hähnchenfilets darauf aufspießen und umseitig etwa 3 Minuten kross grillen.

3. Die heißen Ladyfinger-Chicken-Sticks durch den Dip ziehen, dann fest in die Chipsbrösel drücken und galant genießen.

TIPP

Für sensible Damen:
Damit die Holzspieße beim längeren Grillen nicht anbrennen, einfach mit Alufolie umwickeln! Für Kinder kann der Apfelmusdip auch durch Ketchup ersetzt werden. Und wenn's mal etwas schärfer sein soll, durch eine Sweet Chilisauce!

Ein bisschen Zeit darf Frau einplanen ...

Vorbereitungszeit: etwa 20 Minuten
Zubereitungszeit: etwa 5 Minuten

Entweder wir
grillen jetzt,
oder ich geh'
wieder tanzen!

HÄHNCHENBRUSTSPIESSE
MIT ERDBEERKUSS

ZUTATEN FÜR 4 MÄDCHEN

4 Hähnchenbrüste ohne Haut • 16 Schaschlik-Holzspieße • Wodka

FÜR DIE MARINADE

*3 EL frischer Ingwer • 2 EL Knoblauch • 1 Biozitrone
2 EL Apfelsaft • 2 EL Olivenöl • 1 Prise Salz*

FÜR DEN ERDBEERKUSS

*200 g frische Erdbeeren • 2 Frühlingszwiebeln
1 EL grüner Pfeffer aus der Lake • 3 EL Olivenöl • 1 Prise Salz*

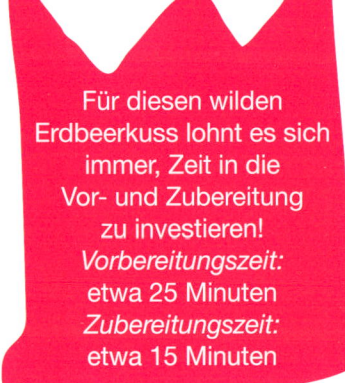

Für diesen wilden Erdbeerkuss lohnt es sich immer, Zeit in die Vor- und Zubereitung zu investieren!
Vorbereitungszeit:
etwa 25 Minuten
Zubereitungszeit:
etwa 15 Minuten

1. Hähnchenbrüste kalt abspülen, mit Küchenpapier gut trockentupfen und anschließend in 2 Zentimeter dicke Scheiben schneiden.

2. Schaschlik-Holzspieße in einem hohen Glas 4 Stunden lang in Wodka einweichen und dann die Hähnchenbruststreifen darauf aufspießen.

3. Ingwer schälen, Knoblauch abziehen. Beides fein würfeln. Zitrone waschen und Schale abreiben. Mit allen anderen Zutaten gut vermischen und die Hähnchenbrustspieße darin wenden. Sofort umseitig auf jeder Seite 3 bis 5 Minuten sehr heiß grillen.

4. Erdbeeren und Frühlingszwiebeln waschen, putzen und jeweils in feine Würfel schneiden. Mit den restlichen Zutaten für den Erdbeerkuss und der übrigen Marinade übergießen und zu den gegrillten Hähnchenbrustspießen reichen.

Wo geht's hier zur Grillanprobe?

ZUTATEN FÜR 4 MÄDCHEN

*20 Hähnchen-Unterbrustfilets • 20 Schaschlik-Holzspieße
5 EL Kokosraspeln • Limettensaft*

FÜR DIE MARINADE

*20 g frischer Ingwer • 300 ml Orangensaft
3 EL Agavendicksaft • 8 cl Orangenlikör
Salz und Pfeffer aus der Mühle*

HÄHNCHEN
IM KOKOSMANTEL

1. Hähnchen-Unterbrustfilets kalt abspülen, mit Küchenpapier gut trockentupfen und in mundgerechte Stücke schneiden. Ingwer schälen, fein würfeln und mit den restlichen Zutaten für
die Marinade vermischen. Die Filets über Nacht darin marinieren.

2. Die Filets aus der Marinade nehmen und auf Schaschlik-Holzspieße stecken. Sofort rundum
etwa 3 Minuten grillen.

3. Die noch heißen Spieße umseitig kräftig in die Kokosraspeln drücken und mit einem Spritzer
Limettensaft abgerundet direkt vom Spieß knabbern.

GARNELEN-CHAMPAGNER-SPIESSE de luxe

ZUTATEN FÜR 4 MÄDCHEN

16 große Sea-Tiger-Prawns (Garnelen),
ohne Schale und Darm
16 Stiele Zitronengras • 1 Flasche Champagner

FÜR DIE ZITRONENMARINADE

3 Biozitronen • 3 EL Blütenhonig
1 TL Salz • 1 TL Chiliflocken

WICHTIG!

Dazu ein eiskaltes Glas
Champagner reichen.
Am besten sollte schon bei der Vor-
bereitung das eine oder andere Glas
perlendes Nass die Zunge benetzen ...
Hi hi ...

1. Garnelen kalt abspülen und mit Küchenpapier gut trockentupfen.
Auf Zitronengrasstiele spießen.

2. Garnelenspieße in ein großes Gefäß stecken und mit kaltem Champagner auffüllen,
bis die Garnelen im Champagner baden.

3. Zitronen waschen und abtrocknen. Schale abreiben und anschließend die Zitronen auspressen. Saft und Abrieb mit den anderen Zutaten für die Marinade gut vermischen.

4. Die nun leicht beschwipsten Garnelen auf dem Grill umseitig je 2 Minuten angrillen und dann
mit der Zitronenmarinade großzügig bestreichen. Jetzt noch mal 5 Minuten kross grillen.

5. 3 Gläser Champagner mit der restlichen Zitronenmarinade vermischt auf dem Grill in einem
kleinen Topf etwa 5 Minuten reduzieren und zu den Garnelenspießen servieren.

GEMÜSE & FISCH
MACHEN GLÜCKLICH!

GEGRILLTE AUBERGINE
—Als schneller Veggieburger—

1. Auberginen in etwa 5 Millimeter und Büffelmozzarella in fingerdicke Scheiben schneiden.

2. Aus den Marinadezutaten eine schnelle Marinade mischen und die Auberginen- und Mozzarellascheiben damit bestreichen.

3. Auberginenscheiben umseitig auf dem heißen Rost unter regelmäßigem Wenden etwa 5 Minuten grillen.

4. Mozzarellascheiben abwechslend mit den gegrillten, noch heißen Auberginenscheiben übereinanderstapeln.

5. Je nach Gusto mit Salz und Pfeffer würzen. Wer möchte, kann die Veggieburgerscheiben noch mit ein wenig Olivenöl und Aceto balsamico beträufeln und dann servieren.

ZUTATEN FÜR 4 MÄDCHEN

3 Auberginen
2 Büffelmozzarella

FÜR DEN MANTEL

100 ml Olivenöl
1 TL Salz
1 EL Ahornsirup
1 EL Biolimettenabrieb
Salz und Pfeffer aus der Mühle
Aceto balsamico

LIEBLINGSKNOLLEN

1. Kartoffeln waschen, abtrocknen und fest in Alufolie wickeln. So direkt in die Glut des Grillfeuers legen. Gern auch mit etwas Glut bedeckt 25 bis 30 Minuten ausbacken.

2. Nach dem Auspacken kann Frau die Kartoffeln über Kreuz oder einfach der Länge nach aufschneiden und, als einfachste Variante, mit etwas fein gesalzener Butter bestrichen servieren.

ZUTATEN FÜR 4 MÄDCHEN

4 mittelgroße Kartoffeln mit Schale
2 TL fein gesalzene Butter

Um eine schnelle vegetarische Mahlzeit oder eine raffinierte Beilage daraus zu kreieren, bedarf es etwas mehr Fantasie – hier ein paar Vorschläge:

Tatar Rosso

ZUTATEN FÜR 4 MÄDCHEN

4 reife Tomaten, ohne Strunk und in feinen Würfeln
2 rote Zwiebeln, abgezogen und gewürfelt
2 EL frischer Majoran
2 EL Knoblauch, fein gewürfelt
10 g frischer Ingwer, fein gewürfelt
Salz und Pfeffer aus der Mühle
nach Wunsch Büffelmozzarella

• Alle Zutaten gut vermengen und die noch heißen Kartoffeln damit füllen.
Je nach Gusto gern auch noch etwas gewürfelten Büffelmozzarella dazugeben!

Tatar Verde

ZUTATEN FÜR 4 MÄDCHEN

1 Bund frisches Basilikum, gezupft
1 Bund frische Blattpetersilie, gezupft
3 Frühlingszwiebeln, in feine Scheiben geschnitten
1 EL Kapern • 200 ml Olivenöl
Salz und Pfeffer aus der Mühle
nach Wunsch Parmesan, fein gerieben

• Alle Zutaten gut vermischen und in die noch warmen Kartoffeln füllen.
Je nach Gusto noch mit fein geriebenem Parmesan verfeinern.

• Roquefort in kleine Stücke bröseln, Walnüsse hacken. Mit den restlichen Zutaten in einer Schüssel mit dem Schneebesen glatt rühren und abschmecken.
Die Creme nun in die heiße Kartoffel füllen und je nach Gusto noch mit geröstetem Walnussschrot und/oder hauchdünnen Birnenwürfeln verfeinern.

Roquefortcreme

ZUTATEN FÜR 4 MÄDCHEN

100 g Roquefort • 2 EL Walnüsse • 50 g Sahne
1 TL Biozitronenabrieb • 1 Prise Cayennepfeffer
nach Wunsch Walnussschrot und/oder Birnenwürfe

4 kleine grüne Zucchini

FÜR DIE MARINADE

1 Biozitrone • 1 Zweig frischer Thymian
3 EL Olivenöl • 1 TL Honig • 1 Prise Salz

FÜR DAS TOMATENMUS

3 Tomaten • 3 rote Zwiebeln • 3 Knoblauchzehen
100 g getrocknete Tomaten • 100 ml Weißwein
1 EL brauner Zucker • 1 EL Chiliflocken
Salz und Pfeffer aus der Mühle

TIPP

Die Zucchinischeiben können auch einzeln zu Fisch oder Salat gereicht werden. Und das Tomatenmus schmeckt ebenfalls zu Kurzgebratenem und Kartoffeln!

Pikante ZUCCHINILASAGNE

1. Zucchini nach dem Waschen mit kaltem Wasser von den Strünken befreien und der Länge nach in 5 Scheiben schneiden.

2. Biozitrone abspülen, trockentupfen, dann Schale abreiben und Zitrone auspressen. Thymianblättchen vom Zweig zupfen. Alle Zutaten für die Marinade gut verrühren und die Zucchinischeiben damit von beiden Seiten bestreichen.

3. Zucchinischeiben rundum auf jeder Seite etwa 3 Minuten bei direkter Hitze kross grillen. Vom Rost nehmen und auf einem Holzbrett auskühlen lassen.

4. Tomaten waschen, abtrocknen und fein würfeln. Zwiebeln und Knoblauch abziehen und in Würfel schneiden. Getrocknete Tomaten grob hacken. Alle Zutaten für das Tomatenmus in einem Topf auf dem Grill unter stetem Rühren etwa 5 Minuten einkochen lassen.

5. Die Zucchinischeiben mit dem Tomatenmus bestreichen und übereinanderstapeln.

ZUTATEN FÜR 4 MÄDCHEN

4 reife Ochsenherz-Tomaten (Bullenherzen)
Alufolie • 50 ml Olivenöl

FÜR DAS KRÄUTERPESTO

1 Bund frischer Koriander • 1 Bund frische Minze
100 ml Olivenöl • 50 ml heller Aceto balsamico
1 EL Honig • Salz und Pfeffer aus der Mühle

FÜR DIE FÜLLUNG

1 Knoblauchzehe • 2 EL rote Zwiebeln, gewürfelt
50 g Maiskörner • 50 g Kidneybohnen
30 g Käsewürfel • 1 EL Worcestersauce

BBQ - BULLEN- HERZ

1. Nach dem Waschen der Bullenherzen den Deckel mit dem Strunk abschneiden und die Tomaten mit einem kleinen Löffel entkernen. Das Kerngehäuse kommt in eine Schüssel.

2. Koriander- und Minzeblätter von den Stängeln zupfen. Mit allen anderen Zutaten für das Kräuterpesto und dem Tomatenkerngehäuse pürieren. Anschließend mit Salz und Pfeffer würzen und beiseitestellen.

3. Knoblauch abziehen und würfeln. Die Zutaten für die Füllung vermengen und die ausgehöhlten Bullenherzen damit befüllen. Mit dem Deckel versehen und in die geölte Alufolie einwickeln. Jetzt etwa 12 bis 15 Minuten bei indirekter Hitze auf dem Grill schmoren.

4. Die Tomaten aus der Folie nehmen und mit dem Kräuterpesto servieren.

TIPP
Für die besondere Note 1 bis 2 Scheiben Schwarzbrot rösten und über die Bullenherzen bröseln.

Girls *just wanna have grill-fun*

Geschmorte
APFELZWIEBELN

ZUTATEN FÜR 4 MÄDCHEN

4 Gemüsezwiebeln • Alufolie

FÜR DIE FÜLLUNG

1 saurer Apfel • ½ Knoblauchzehe
150 g fein gesalzene Butter (zimmerwarm)
1 EL Szechuan-Pfeffer

1. Gemüsezwiebeln abziehen und vom Blütenstand nach unten zu ²/₃ über Kreuz einschneiden.

2. Apfel schälen, entkernen und das Fruchtfleisch in Würfel schneiden. Knoblauch abziehen und fein würfeln. Mit den restlichen Zutaten für die Füllung gut vermengen und je 1 Esslöffel davon in die Mitte der Zwiebeln geben.

3. Jede der 4 Zwiebeln fest in Alufolie einpacken und direkt in die Glut des Grills oder des offenen Feuers legen und etwa 20 Minuten lang ausbacken lassen.

TIPP
Diese aromatische Gemüsevariation kann man auch zu etwas Käse und Obst als herzhaftes Dessert reichen!

ZUTATEN FÜR 4 MÄDCHEN

8 Scheiben Tramezzini-Weißbrot

FÜR DIE FÜLLUNG

50 g Parmesan • 200 g Ricotta
150 g frische Lachswürfel • 1 EL Biozitronenabrieb
1 EL Olivenöl • Salz und Pfeffer aus der Mühle

1. Für die Füllung den Parmesan reiben und mit den restlichen Zutaten zu einer feinen Creme verrühren.

2. Je 1 Scheibe Tramezzini-Weißbrot mit der Creme bis zum Rand bestreichen und 1 weitere Scheibe fest darauf drücken. (Vorbereitung ist alles: Am besten bestreicht Frau die Tramezzini schon 2 bis 3 Stunden, bevor es ans Grillen geht, und stellt diese dann – abgedeckt – in den Kühlschrank.)

3. Die Tramezzini auf dem heißen Grill umseitig 3 bis 5 Minuten grillen.

Mein kleiner Italiener

GEGRILLTE LACHSTRAMEZZINI

EXTRATIPP für Event Girls

Die Tramezzini quer halbieren und zum Salat oder als Fingerfood mit einem Basilikum-Orangen-Pesto reichen: Dafür 1 Bund Basilikum waschen. Die Blättchen von den Stängeln zupfen und zusammen mit 2 geschälten Knoblauchzehen, 50 Gramm geschälten Mandeln, Abrieb und Saft von 2 Bioorangen, 200 Milliliter Olivenöl sowie 1 Prise Salz und Pfeffer aus der Mühle mit dem Stab- oder im Standmixer fein pürieren. Wenn das Pesto etwas frischer im Geschmack werden soll, dann einfach zusätzlich 1 Bund gezupfte Minze und 2 Esslöffel Zitronensaft hinzugeben.

Grillen ohne Männer
ist wie Fisch
ohne Fahrrad

4 Lachstranchen à 150 g (ohne Haut)
4 Bögen Pergamentpapier
4 Bögen Alufolie

FÜR DAS AROMA

Fruchtfleisch von 1 Mango
1 Apfel • 1 Biozitrone
1 Bioorange • 2 EL Arganöl
Salz und Pfeffer aus der Mühle

EXTRATIPP für Event Girls

So wird schnell noch eine leckere Sauce gezaubert: Einfach 500 Gramm Naturjoghurt, 1 Esslöffel Arganöl, 1 Esslöffel Limettensaft, 1 Esslöffel Honig, etwas Salz und Pfeffer aus der Mühle fein verrühren und je nach Geschmack noch mit etwas Zitronenabrieb abrunden. Mit etwas fein geschnittener Minze oder Blattpetersilie garniert, ein echter Augen- und Gaumenschmaus.

LACHS-
PRALINEN

1. Lachstranchen kalt abspülen und mit Küchenpapier gut trockentupfen.

2. Mangofruchtfleisch in Würfel schneiden. Apfel, Zitrone und Orange schälen und das Fruchtfleisch fein würfeln. Alles mit Öl sowie Salz und Pfeffer gut vermischen.

3. Nun je 1 Bogen Pergamentpapier auf 1 Bogen Alufolie legen. Darauf jeweils 1 Lachstranche geben und mit etwa 2 Esslöffeln des marinierten Obstes bedecken. Die Bögen nun nach oben hin zusammendrehen und diese Pralinen bei mittlerer Hitze 12 bis 15 Minuten auf dem Grill garen.

4. Zum Servieren nur die Alufolie entfernen und die Lachspralinen auf dem Teller der Gäste öffnen. Leckere Überraschung!

Asia-
FENCHEL

ZUTATEN FÜR 4 MÄDCHEN

1 Fenchelknolle • 1 Bund Schnittlauch
2 EL eingelegter Sushi-Ingwer • 1 TL Fenchelsamen
2 EL helle Sojasauce • 1 TL Limettenabrieb

1. Fenchelknolle und Schnittlauch kalt abspülen, mit Küchenpapier gut trocken-tupfen und fein schneiden. Ingwer würfeln.

2. Fenchelsamen in einer Pfanne ohne Fett rösten. Mit den restlichen Zutaten gut vermischt etwa 30 Minuten bei Zimmertemperatur ziehen lassen.

3. Fenchel auf einer Folie bei mittlerer Hitze 10 bis 15 Minuten grillen.

EXTRATIPPS FÜR EVENT GIRLS

Um aus diesem Rezept eine vollständige Mahlzeit zu machen, 200 Gramm frisches Lachsfilet in feine Würfel schneiden und mit Asia-Fenchel mischen! Süße Ladys, ihr dürft diesen warmen Fenchel auch mit Ziegenkäse und Honig genießen! Und ... mit leicht geräuchertem Tofu geht's auch ganz geschmeidig ...

SÜSSES VOM GRILL!

GANZE ANANAS
MIT WODKAINFUSION

ZUTATEN FÜR 4 MÄDCHEN

200 ml Wodka
1 Einwegspritze (mind. 20 ml) mit Nadel
1 reife Ananas • 4 Kugeln Vanilleeis
4 EL Puderzucker • 4 Blätter frische Minze

1. Wodka mit der Einwegspritze in der ganzen, ungeschälten Ananas als Infusion verteilen.

2. Ananas bei indirekter Hitze und geschlossenem Grilldeckel etwa 20 Minuten grillen.

3. Nach einer kurzen Abkühlphase die Ananas schälen und vom Strunk befreien, dann in Würfel schneiden. Mit je 1 Kugel Vanilleeis und Puderzucker sowie Minze dekoriert servieren.

EXTRATIPP FÜR EVENT GIRLS

Die so zubereitete Ananas kann auch in groben Würfeln mit etwas Olivenöl und Salz zu kurz gebratenem Fleisch gereicht werden – falls Männer zu Besuch kommen!

ZUTATEN FÜR 4 MÄDCHEN

30 Erdbeeren • 30 Marshmallows
12 gewässerte Holzspieße • 4 Kugeln Schokoladeneis

ZUTATEN FÜR DAS SÜSSE PESTO

1 Bund frische Minze • 1 Bund frisches Basilikum
1 TL Honig • 2 EL Zitronensaft
3 EL Apfelsaft • 1 Prise Salz

TIPP

Für scharfe Feger: 1 Tafel Schokolade (100 Gramm, fein gehackt), 1 Teelöffel grüner Pfeffer aus der Lake, 1 Teelöffel frischer Ingwer, fein gewürfelt, und 50 Gramm Sahne in einen Topf geben. Auf dem Grill bei indirekter Hitze leicht schmelzen lassen und als Sauce oder Dip zum Eis und zu den Spießen servieren.

HEISSER SPIESS AUF EIS

1. Erdbeeren waschen und trocknen. Marshmallows und Erdbeeren abwechselnd auf die Spieße stecken. Spieße unter stetem Drehen über der Flamme etwa 5 Minuten grillen.

2. Minze und Basilikum waschen, trockentupfen und die Blätter von den Stängeln zupfen. Alle Zutaten für das süße Pesto fein pürieren und mit je 1 Kugel Schokoladeneis zu den Marshmallowspießen reichen.

Grill-Girl-Power

TIPP

Hierzu 1 Kugel Fruchtsorbet reichen oder schnell ein paar Erdbeeren mit etwas Puderzucker und 1 Schuss Crémant oder Champagner pürieren und als Sauce dazu reichen.

Heiße
PRALINENPÄCKCHEN

ZUTATEN FÜR 4 MÄDCHEN

8 Blätter Yufkateig (dreieckig gefaltet)
3 EL Rapsöl mit Butteraroma
(z. B. Albaöl)
32 Kokos- oder Nuss-Schokoladen-Pralinenkugeln (z. B. Raffaello oder Ferrero Rocher)

1. Yufkateig der Länge teilen, sodass wiederum Dreiecke entstehen. Blätter beidseitig mit Öl bestreichen.

2. Je 2 Pralinenkugeln in den Teig einrollen und die Enden einklappen.

3. Auf dem heißen Grill unter stetem Wenden 8 bis 10 Minuten grillen, bis der Teig schön goldbraun und knusprig ist.

Macht den Grill an, wir kommen!

Bounty-BANANA

ZUTATEN FÜR 4 MÄDCHEN

4 Kokos-Schokoriegel (z. B. Bounty)
500 ml Rum
4 EL brauner Zucker
1 EL Biozitronenabrieb
4 reife Bananen

TIPP

Falls Männer anwesend sein sollten, einfach die Kokos-Schokoriegel direkt in die leicht längs geöffneten Bananen legen und diese dann von einer Seite fertig grillen. Den Rum dann als Drink auf Eis dazu servieren!

1. Kokos-Schokoriegel in der Verpackung über Nacht im Tiefkühlfach frosten.

2. Rum, Zucker und Zitronenabrieb in einem Topf leicht erhitzen.

3. Bananen ungeschält von jeder Seite 5 bis 7 Minuten auf dem heißen Rost grillen. Nun die Bananen auf einen Teller legen und die Schale längs leicht einschneiden oder die Bananen längs halbieren und kurz die Schnittflächen grillen (vgl. Foto links).

4. Den warmen Rum beim Übergießen der Banane anzünden und das Obst flambieren.

5. Als Letztes die gefrorenen Kokos-Schokoriegel mit einem Trüffelhobel oder einem Schäler in feinsten Chips über die heiße Banane verteilen und sofort genießen.

EXTRATIPP für Event Girls

Falls es unerwartet zu männlichem Besuch kommen sollte,

kann der Schmorapfel auch kurzerhand mit Rum flambiert werden!

SCHMORAPFEL MIT MANDELHERZ IM KLÖTENKÖM*-SEE

1. Äpfel waschen, trockentupfen, Deckel abschneiden und Kerngehäuse vorsichtig entfernen.

2. Zutaten für die Mandelherzfüllung mit dem Handrührgerät zu einer glatten Masse vermengen und in einen Spritzbeutel füllen. Die Masse nun in den ausgehöhlten Äpfeln verteilen. Deckel auflegen.

3. Gefüllte Äpfel in gebutterte Alufolie einschlagen. Auf dem heißen Grillrost 15 bis 20 Minuten grillen.

4. Die heißen Äpfel aus der Folie nehmen und in einem tiefen Teller in den See aus Eierlikör stellen.

ZUTATEN FÜR 4 MÄDCHEN

4 Boskop-Äpfel • Alufolie • Butter

FÜR DIE MANDELHERZFÜLLUNG

50 g Butter (zimmerwarm)
50 g Mandelmehl • 30 g Feinzucker
2 Eier

FÜR DEN SEE

*8 cl Eierlikör (im Norden auch Klötenköm genannt, Klöten = Eier, Köm = Schnaps)

1 Rolle Flammkuchenteig (aus dem Kühlregal)
Zucker

FÜR DEN BELAG

100 g Crème fraîche • 100 g Magerquark
3 EL Honig • 250 g Erdbeeren
1 Bund frische Minze • 2 EL brauner Zucker
2 EL Puderzucker

Fruchtiger

FLAMMKUCHEN

1. Teig ausrollen und leicht zuckern.

2. Crème fraîche, Magerquark und Honig gut verrühren. Ausgerollten Teig damit bestreichen.

3. Den bestrichenen Flammkuchenteig nun auf dem heißen, etwa 10 Minuten lang vorgeheizten Grill insgesamt 10 bis 12 Minuten bei geschlossenem Deckel ausbacken.

4. Erdbeeren und Minze waschen, gut trocknen und alles in feine Streifen schneiden. Mit Zucker bestreuen und vermischen. Den heißen Flammkuchenboden damit belegen und anschließend mit Puderzucker bestäuben.

REZEPTREGISTER

← HEY JUNGS, HIER LANG, DIE GRILLFREIHEIT RUFT!

südwest

GRILLEN FÜR ECHTE KERLE

STEFAN WIERTZ

INHALT

→
IMPRESSUM

Falls euch interessiert, wer für dieses Buch verantwortlich ist, gibt's das bei den Mädchen auf Seite 2 zu lesen!

Die Grillfreiheit ruft!

DIE
TOP 10
FÜR GRILLMEISTER

//

... FÜR MÄNNER ZÄHLT AUF JEDEN FALL DIE GRÖSSE!

//

1

Eine große Feuerstelle oder ein Monster-grill mit einem Rost für ganze Tiere

2

Eine große Kühlbox für Getränke – in Flaschen oder Dosen

3

Ein großes Grillbesteck

4

Saucen, um das Grillgut zu »pimpen«

5

Ein großes Schneidebrett aus Holz – nur so schmeckt echten Kerlen frisch Gegrilltes richtig lecker!

6

Ein bequemer Stuhl – direkt neben dem Grill!

8

Mindestens ein guter Freund zum gemeinsamen Schweigen am offenen Feuer

7

Gute Musik oder ein Fernseher in Sichtweite

9

Eine lange Schürze, falls es ganz doll spritzt ...

10

Genügend Bier, um den Grillmeister von innen zu kühlen

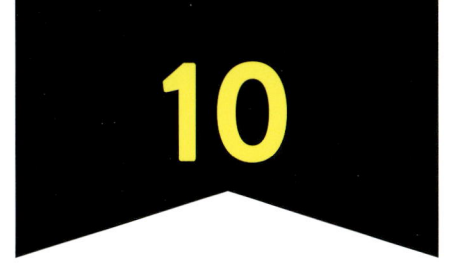

WEISHEITEN VON GRILLGÖTTERN

1 Nach dem Grillen ist vor dem Grillen! Also nach dem Grillen sofort wieder genügend Grillgut im Kühlschrank lagern.

2 Ein Bier ist kein Bier! »Trockenes« Grillen ist wie Fußball ohne Ton.

3 Trennkost beginnt am Grillrost – Salate und blättrige Beilagen sind für die Mädchen!

4 Hitze ist Mangel an Geschwindigkeit. Ergo: Wer sich verbrennt, hat am Feuer gepennt!

5 Wer grillt, gewinnt – zumindest das eine oder andere Mahl!

6 Keiner grillt gern allein – Mann sollte mindestens zu zweien sein!

7 Auswahl gerät schnell zur Qual, darum reicht ein richtig großes Stück Fleisch an der Zahl!

8 Frei nach dem Highlander: Es kann nur einen geben! Somit also: ein Mann, ein Grill!

9 Der Grillmeister will beim Grillen nicht gestört werden, es sei denn, es handelt sich um flüssige Nachrichten!

10 Erst das Grillen, dann das Vergnügen: zum Dessert eine erlesene Fruchtauswahl zu klarem Destillat gebrannt!

10
GOLDENE
GRILLREGELN

///

1 Grill an ... Freunde ran!
Grillen ist ein Gruppensport und
kein kulinarischer Alleingang.

2 In der Grillfolge: von Gemüse über Fisch zu Krusten- &
Schaltieren bis zur Krönung,
dem saftigsten Fleisch.

3 Dem Grillgut wird leicht
schwindelig, wenn Mann es
zu häufig wendet. In der Ruhe
liegt des Fleisches Saft!

5 *Grillen findet auf offenem Feuer statt und
nicht auf dem Elektrogrill! Denn ansons-
ten kannst du dein Grillgut auch gleich in
die Pfanne schmeißen!*

4 Kartoffeln sollten nur bei großen Grillhappenings zur finalen Sättigung der
Umstehenden auf den Grill kommen.

///

6
Nicht nur Bekanntes auf den heißen Rost! Gemeinsam kann Mann schönes Neues erleben und genießen!

7
Beste Grundzutaten und maximal 7 Würzaromen, so lass dich von allen loben.

8
Krusten- und Schaltiere immer in der Originalverpackung grillen und erst hernach auspacken!

9
Erst den Grill gut durchheizen, dann genüsslichst den Röstaromen frönen.

10
Immer 'nen Sack Holzkohle auf Halde halten und das Fleisch frisch, die Getränke eiskalt.

RICHTIG HEISS!

HITZEANGABEN & GRILLSTUFEN

Schwache Hitze
Bezeichnet eine Gradzahl von 60 bis 100 °C; ergo der weiteste Abstand vom Kohlengrill.

Mittlere Hitze
Bezeichnet eine Gradzahl von 120 bis 160 °C; ergo der mittlere Abstand vom Kohlengrill.

Starke Hitze
Bezeichnet eine Gradzahl ab 180 °C; direkt über der Glut! Gerne auch weit über 200 °C, denn das Grillgut soll kross vom Rost kommen!

Indirekte Hitze (Abstrahlhitze zum Garen)
Bezeichnet das Auflegen des Grillgutes am Rand des Grills, um mit der Abstrahlhitze arbeiten und gegebenenfalls auch einmal etwas warm halten oder sanft garen zu können. Man(n) kann das Grillgut auch erst der direkten Hitze aussetzen und es im Nachgang am Rand nachgaren lassen!

Direkte Hitze (Kontakthitze mit Krossfaktor)
Bezeichnet das Auflegen auf dem Rost unter voller Flamme, auf stärkster Glut und Hitze! Die Temperatur macht's: sorgt für eine knackige Kruste zum Anbeißen!

FLEISCH SATT!

Zutaten für 4 Kerle

4 Rippstränge vom Schwein (ca. 700 g)

Zutaten für die Marinade

1 EL (2 cl) Apfelkorn • 2 EL brauner Zucker
Salz und Pfeffer aus der Mühle • 100 ml Olivenöl
8 Zweige frischer Thymian

Das Fleisch aus dem Kotelettstrang kommt vom Schwein. Echte Kerle sagen dazu einfach nur »Ribs«! Schweinelecker!

RIPPE NACH ADAMS ART

1. Rippstränge (Ribs) kalt abspülen und mit Küchenpapier gut trockentupfen. Anschließend die feinen Silberhäute mit einem scharfen Messer entfernen.

2. Ran an die Marinade! Apfelkorn und braunen Zucker gut verrühren, mit Salz und Pfeffer würzen. Olivenöl dazugeben. Thymianzweige abwaschen, trockentupfen, die Blättchen von den Zweigen zupfen und in die Marinade streuen.

3. Ribs rundum mit der Marinade einmassieren und unter Alufolie über Nacht im Kühlschrank ziehen lassen. Auch die restliche Marinade kühl aufbewahren.

4. Ribs mindestens 3 Stunden vor dem Grillen aus dem Kühlschrank nehmen. Für 5 Minuten bei starker Hitze zuerst mit der Fleischseite auf den heißen Rost legen und dann auf der Knochenseite für weitere 5 Minuten kross grillen.

5. Die gegrillten, heißen Ribs auf einem großen Stück Alufolie deponieren und mit der restlichen Marinade beträufeln. Knochenseitig noch mal 5 Minuten auf dem Grill weitergaren.

2 Äpfel schälen, entkernen und das Fruchtfleisch fein würfeln. Die Apfelwürfel 5 Minuten vor Garende über die Ribs streuen und diese auf der Folie knochenseitig fertig garen.

RIPPCHEN-
SCHWEINEREI

Zutaten für 4 Kerle

2,5 kg dünne Rippchen aus dem Schweinebauch

Für die Marinade

6 Knoblauchzehen • 3 rote Zwiebeln • 2 EL Rapsöl
5 EL Agavendicksaft • 5 EL Himbeeressig
5 EL Tomatenketchup • 5 EL helle Sojasauce
8 Zweige frischer Thymian • Salz

1. Rippchen kalt abspülen und mit Küchenpapier gut trockentupfen.

2. Her mit der Marinade! Knoblauch und Zwiebeln abziehen und würfeln. Mit Rapsöl, Agavendicksaft, Himbeeressig, Tomatenketchup und Sojasauce vermischen. Die Thymianzweige waschen, trockentupfen, die Blättchen von den Zweigen zupfen und in die Marinade geben.

3. So wird's extralecker: Die Rippchen mit der Marinade einreiben, in eine Plastiktüte stecken, die komplette Luft herausstreichen und die Rippchen über Nacht im Kühlschrank marinieren lassen.

4. Marinade abstreichen und Rippchen bei mittlerer Hitze unter stetem Wenden etwa 30 Minuten grillen. Das Fleisch immer wieder mit der Marinade »pimpen« – für den vollen, saftigen Genuss!

5. Rippchen kurz vor dem Servieren zerschneiden und je nach Gusto salzen.

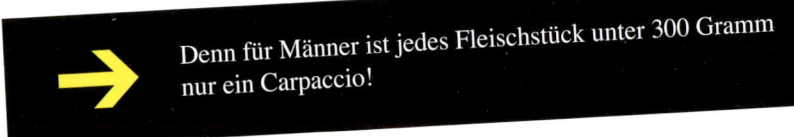

Denn für Männer ist jedes Fleischstück unter 300 Gramm nur ein Carpaccio!

Tipp für Keulenschwinger

Wenn's Mahl wieder schnell gehen soll: Gambas einfach in die Innenseite der Bollen legen. Mit 1 bis 2 Scheiben Tiroler Speck und – je nach Gusto – mit frischen Salbeiblättern fest umwickeln. Etwas Honig daraufstreichen zum Verkleben. Und jetzt ab auf den Grill!

PRALLE DINGER VOM HÄHNCHENBOLLEN

→ Richtig geil mit Zitrus-Mayo! (Rezept siehe Seite 54)

Zutaten für 6 Kerle

12 ausgelöste Hähnchen-Oberkeulen mit Haut (Bollen)

Für die Füllung

2 Knoblauchzehen • 1 Bund Blattpetersilie
100 g gesalzene Pistazien • 100 g gesalzene Macadamianüsse
50 g grüne Oliven, entsteint • 2 EL Olivenöl
12 Riesengambas • Schweinenetz (beim Metzger vorbestellen)

1. Hähnchen-Oberkeulen (Bollen) kalt abspülen und mit Küchenpapier gut trockentupfen.

2. Knoblauch abziehen und würfeln. Blattpetersilie nach dem Waschen und Trocknen fein schneiden. Pistazien und Macadamianüsse grob hacken. Auch die Oliven mit dem Messer in kleine Stückchen teilen.

3. Knoblauch, Petersilie, Pistazien, Macadamianüsse, Oliven und Olivenöl gut vermischen. Die Innenseiten der Bollen gleichmäßig damit bestreichen.

4. Gambas pulen, Darm entfernen und das Gambafleisch in die Mitte der bestrichenen Bollen legen.

5. Nun die Bollen mit einem vorgeschnittenen Schweinenetz (manche sagen auch Fettnetz dazu) ummanteln und fest eindrehen.

6. Bollen beidseitig bei indirekter Hitze etwa 20 Minuten grillen.

HÜHNCHEN
AUF DER DOSE ...
SASS UND SCHMORTE – GENÜSSLICH-SAFTIG VOR SICH HIN ...

Zutaten für 4 Kerle

2 frische Hähnchen • 2 Bierdosen

Für die Marinade

2 Knoblauchzehen • 2 Bioorangen
6 EL frische Rosmarinnadeln • 2 EL Wacholderbeeren
400 ml Gin • 200 ml Tonic • 6 EL helle Sojasauce
6 EL brauner Zucker • 2 EL Cayennepfeffer
Salz und Pfeffer aus der Mühle

1. Beide Hähnchen kalt abspülen und mit Küchenpapier gut trockentupfen.

2. Knoblauch abziehen und fein würfeln. Orangen waschen, abtrocknen und mit der Schale in Würfel schneiden. Rosmarin und Wacholderbeeren mit einem breiten Messerrücken zerdrücken. Jetzt alles mit den restlichen Marinadezutaten vermischen.

3. Das Innere der beiden Hähnchen mit der Marinade gut füllen, auch außen damit bestreichen (etwas Marinade übrig lassen) und dann kopfüber in einen verschließbaren Gefrierbeutel stecken. Über Nacht im Kühlschrank marinieren lassen.

4. Vor dem Grillen die Hähnchen jeweils auf eine geöffnete Bierdose setzen und etwa 3 Stunden bei Zimmertemperatur temperieren lassen. Vor dem Grillen sollten die Hähnchen und die Dosen Raumtemperatur annehmen.

5. Während des Grillens immer wieder mit der restlichen Marinade bestreichen und bei geschlossenem Kugelgrilldeckel bei um die 90 °C 35 bis 40 Minuten kross rösten.

Dem Vogel ist es nun wirklich
ganz piepegal, was in der Dose
steckt, auf der er sitzt!
Also immer Mahl wieder etwas
Neues ausprobieren (z. B. Gin
Fizz, Wodka Lemon …).

Bitte nicht stören: Grillgott im Paradies

RINDERKOTELETT
FÜR GRILLHEDONISTEN

Zutaten für 4 Kerle

4 Rinderkoteletts (aus der Hochrippe), möglichst DRY AGED
1–2 EL fein gesalzene Butter • 4 Bund Rosmarin
Pfeffer aus der Mühle

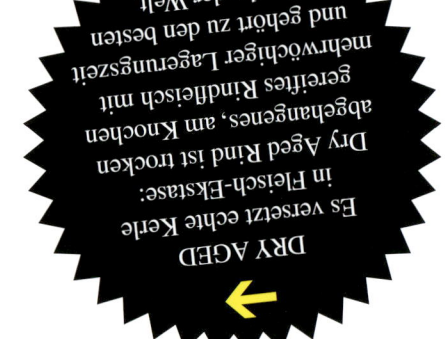

DRY AGED
Es versetzt echte Kerle
in Fleisch-Ekstase:
Dry Aged Rind ist trocken
abgehangenes, am Knochen
gereiftes Rindfleisch mit
mehrwöchiger Lagerungszeit
und gehört zu den besten
Steaks der Welt.

1. Rinderkoteletts kalt abspülen und mit Küchenpapier gut trockentupfen.

2. Die Rinderkoteletts sollten von jeder Seite bei starker Hitze etwa 5 Minuten angegrillt werden. Anschließend auf ein Holzbrett legen und mit etwas fein gesalzener Butter bestreichen.

3. Die Rinderkoteletts etwa 10 Minuten ruhen lassen, mit je 1 Bund angedrehtem* Rosmarin bedeckt. Anschließend wieder bei starker Hitze umseitig je 10 Minuten kross grillen.

4. Jetzt erneut auf dem Rosmarin und mit einem Küchentuch bedeckt 3 bis 5 Minuten nachruhen lassen.

5. Vor dem Anschnitt noch mal mit etwas Butter bestreichen und mit frisch gemahlenem Pfeffer würzen.

Die Rosmarinzweige fest drehen, damit die ätherischen Öle entweichen und dem Grillgut sein volles Aroma verleihen können!

Wehe hierzu gibt's noch 'ne Beilage –
Trennkost mit leichtem Rotweinabgang ist Gesetz!
Das Fleisch wird nach Wunsch weder gesalzen noch
gepfeffert, wenn Mann das volle »Umami«
(= den fleischig-vollen Eigengeschmack) erleben will!

LAMMLACHS

» L E A N D E R «

. . . DENN LEANDER STEHT FÜR BESTEN STIL!

Ausgelöste Lammrücken bezeichnet man als Lachs und die Unterrückenfilets als Lammfinger.

Frisches Lamm sollte Mann möglichst beim Metzger oder auch gerne beim guten türkischen Händler vorbestellen. Es sollte nicht eingeschweißt aus dem Supermarkt stammen!

Zutaten für 4 Kerle

8 Lammlachse, küchenfertig pariert
12 Knoblauchzehen • 1 Bund Zitronenthymian
3 EL roter Kampot-Pfeffer • 1 TL grobes Kalahari-Salz
Salz aus der Mühle • Bitterschokolade, geraspelt

---

1. Lammlachse kalt abspülen und mit Küchenpapier gut trockentupfen.

2. Knoblauchzehen abziehen und andrücken. Mit dem angedrehten* Zitronenthymian, dem Kampot-Pfeffer und dem Kalahari-Salz in einer feuerfesten Schale direkt auf dem Rost etwa 10 Minuten gleichbleibend erhitzen.

3. Die Lammlachse nun umseitig je 3 bis 5 Minuten scharf angrillen (also kurz bei starker Hitze grillen). Anschließend in die feuerfeste Form legen und vom Grill nehmen.

4. Unter stetem Wenden jetzt 5 bis 7 Minuten im siedenden Sud ausbacken.

5. Vor dem Anschnitt gerne mit etwas Salz aus der Mühle und – je nach Gusto – mit geraspelter Bitterschokolade verfeinern.

Die Zitronenthymianzweige fest drehen, damit die ätherischen Öle entweichen und dem Grillgut sein volles Aroma verleihen können!

HÄHNCHEN-BRUST

VERLEIHT FLÜGEL

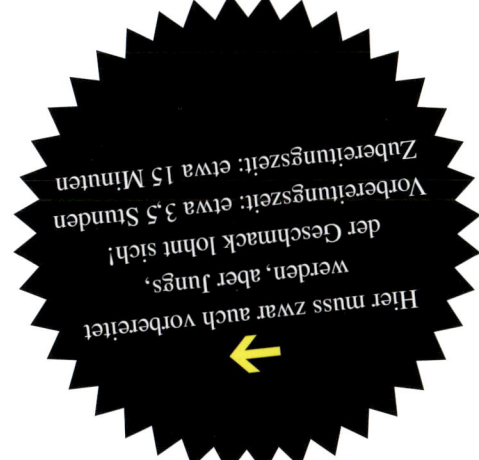

Hier muss zwar auch vorbereitet werden, aber Jungs, der Geschmack lohnt sich!
Vorbereitungszeit: etwa 3,5 Stunden
Zubereitungszeit: etwa 15 Minuten

Zutaten für 4 Kerle

4 Hähnchenbrüste ohne Haut

Für die Marinade

8 Zweige Zitronenthymian • 2 Biozitronen
1 Dose (250 ml) Energy-Drink (z. B. Red Bull)
2 EL Olivenöl • 1 TL Räuchersalz

1. Hähnchenbrüste kalt abspülen und mit Küchenpapier gut trockentupfen.

2. Zitronenthymian abwaschen, trockentupfen und die Blättchen von den Zweigen zupfen. Zitronen waschen, trocknen, Schale abreiben und anschließend Saft auspressen. Mit den restlichen Zutaten für die Marinade in einem Topf um 1/3 einkochen.

3. Hähnchenbrüste etwa 3 Stunden in der lauwarmen Marinade ziehen lassen.

4. Danach die Hähnchenbrüste umseitig etwa 7 Minuten scharf grillen.

5. Das Fleisch fein aufschneiden und mit etwas frischem Zitronensaft beträufelt servieren.

Los Männer, wir gehen rauchen!

LAMMCHOPS
IN SCHARFEM STAUB

→

Direkt mit den Fingern vom Knochen in den Mund und genießen!

Zutaten für 4 Kerle

12 Lammkoteletts, küchenfertig geschnitten (Chops)

Für die Marinade

4–5 Knoblauchzehen • 2 Zweige frischer Thymian
2 Zweige frischer Rosmarin •100 ml Olivenöl
50 ml Himbeeressig • 2 EL Ahornsirup
Salz und Pfeffer aus der Mühle

Für den scharfen Feinstaub

25 g harte Himbeerbonbons • 1 EL Chiliflocken
1 Scheibe Toastbrot • Salz aus der Mühle

1. Lammkoteletts kalt abspülen und mit Küchenpapier gut trockentupfen.

2. Knoblauchzehen abziehen und fein würfeln. Thymian und Rosmarin waschen, trocknen und die Blätter beziehungsweise Nadeln von den Zweigen zupfen. Alle Zutaten der Marinade vermischen. Die Chops über Nacht in der Marinade einlegen.

3. Die Zutaten für den scharfen Staub mit einem Mixstab zu Staub pürieren.

4. Vor dem Grillen die Kräuter von den Chops abstreifen, Marinade aufheben. Die Lammkoteletts bei direkter Hitze höchstens 5 Minuten auf jeder Seite grillen.

5. Koteletts direkt nach dem Grillen umseitig durch die Marinade ziehen. Den scharfen Staub auf einem großen Teller verteilen und die gegrillten Chops darin wenden.

Zutaten für 4 Kerle

1 kg Flanksteak

Für die Marinade

5 Knoblauchzehen • 3 EL Pflaumensaft
3 EL Aceto balsamico • 1 EL Ahornsirup
2 EL Sojasauce • 3 EL Worcestersauce
1 EL grobes Salz • 2 EL roter Pfeffer

1. Flanksteak kalt abspülen und mit Küchenpapier gut trockentupfen.

2. Knoblauch abziehen, würfeln und mit den restlichen Zutaten für die Marinade vermischen. Flanksteak zusammen mit der Marinade in einen verschließbaren Plastikbeutel geben. Mehrmals mit dem Beutel wenden und über Nacht im Kühlschrank marinieren lassen.

3. Flanksteak mindestens 3 Stunden vor dem Grillen aus dem Kühlschrank nehmen, damit sich die Fleischfaser entspannen kann.

4. Fleisch aus der Marinade nehmen und mit Küchenpapier gut trockentupfen. Sofort auf dem heißen Rost (maximal 15 Zentimeter Abstand über der Glut) von jeder Seite etwa 7 Minuten kross grillen.

5. Anschließend in eine Auflaufform geben und zum Entspannen mit der Marinade übergießen. Durch das lauwarme Nachmarinieren wird das Flank extrem gaumenfreundlich und bleibt schön saftig.

6. Nach 10 Minuten herausnehmen und nochmals von jeder Seite etwa 3 Minuten extra kross nachgrillen.

FLANK-STEAK

Das Flanksteak mit etwas frisch gepresstem Zitronensaft und einem Spritzer gutem Olivenöl beträufeln, in grobe Streifen schneiden und direkt vom Brett essen.

1 kg Kalbsschulter, küchenfertig pariert
5 Zweige frischer Rosmarin • 5 Zweige frischer Thymian
5 Stängel Salbei • Küchentuch • Küchengarn
Olivenöl • grobes Salz • Alufolie

KALBSBRATEN
IM WICKELTUCH

1. Kalbsschulter kalt abspülen und mit Küchenpapier gut trockentupfen.

2. Das Schulterstück umseitig je 4 bis 5 Minuten auf dem heißen Grill anbraten.

3. Kräuter waschen, trockentupfen und auf einem Küchentuch verteilen. Das heiße Schulterstück mit dem Kräuterküchentuch umwickeln und mit etwas Küchengarn fixieren.

4. Küchentuch umseitig mit etwas Olivenöl und grobem Salz bedecken und das Ganze in Alufolie einrollen. Den Aromawickel 10 Minuten ruhen lassen.

5. Anschließend den Aromawickel unter leichtem Rollen umseitig 15 Minuten auf dem heißen Grill garen.

6. Braten vom Grill nehmen und die Alufolie entfernen. Im Küchentuch 5 Minuten langsam abkühlen lassen. Das Fleisch auswickeln und den rosa Kalbsbraten in dünne Scheiben schneiden.

→ Zusammen mit etwas geröstetem Knoblauchbrot direkt mit den Fingern essen.

Ärmel hoch und ab an den Grill!

Zutaten für 4 Kerle

4 Hähnchenbrustfilets ohne Haut
1 Mozzarella (125 g) • Salz und Pfeffer aus der Mühle
8 Stängel Basilikum • 8 Scheiben Parmaschinken

HÄHNCHENBRUST IM PARMAMANTEL

... SAG' NOCH EINER, WIR WÄREN KEINE FEINGEISTER!

Wer länger kann, ist klar im Vorteil!
Das gilt auch für die Vor- und Zubereitung.
Gute Planung ist alles! Also:
Vorbereitungszeit: etwa 25 Minuten
Zubereitungszeit: etwa 30 Minuten

1. Hähnchenbrustfilets kalt abspülen und mit Küchenpapier gut trockentupfen.

2. Umseitig jeweils 5 Minuten scharf angrillen. Filets anschließend etwa 5 Minuten auf einem Holzbrett ruhen lassen. Vorfreude ist die schönste Freude!

3. Mozzarella würfeln, gut salzen und pfeffern. Basilikumblätter von den Stängeln zupfen. Nun längsseitig eine Tasche (Schlitz) in jede Hähnchenbrust schneiden. Mit Mozzarellawürfeln und Basilikum füllen.

4. Die Hähnchenbrüste mit je 2 Scheiben Parmaschinken umwickeln und umseitig noch mal bei indirekter Hitze etwa 10 Minuten fertig grillen.

BARDIERTE
KALBSFILETS

Bardieren bezeichnet das vollständige Umwickeln von magerem Fleisch mit dünnen Speck- oder Schinkenscheiben zur Erhaltung des Fleischsaftes. Schützt vorm Austrocknen und gibt zusätzliches Aroma!

Zutaten für 4 Kerle

2 ganze Kalbsfilets ohne Kopf*, küchenfertig pariert
20 Scheiben Lardo • 20 Scheiben Tiroler Speck
Ahornsirup zum Bestreichen • Szechuan-Pfeffer

Für die Füllung

1 Knoblauchzehe • 150 g getrocknete Aprikosen
50 g Parmesan • 100 ml Sauerkirschsaft

*Filets bestehen aus 3 Teilen: Filetspitze (Geschnetzeltes, kleine Turnedos), Filetmitte (Chateaubriand, Filetsteak), Filetkopf (für Geschnetzeltes Sehnen entfernen)

1. Kalbsfilets kalt abspülen und mit Küchenpapier gut trockentupfen.

2. Filets der Länge nach mit einem schmalen, flexiblen Messer aufschneiden, sodass eine große Fläche entsteht.

3. Für jedes Filet je 1 Scheibe Lardo und 1 Scheibe Tiroler Speck übereinander legen. Die Speckscheiben mit etwas Ahornsirup bestreichen und mit zerstoßenem Szechuan-Pfeffer würzen.

4. Knoblauch abziehen und mit den restlichen Zutaten für die Füllung grob pürieren. Filets gleichmäßig damit befüllen und sanft einrollen. Die gerollten Filets auf den Speck geben und damit noch mal einrollen. Jetzt sind sie bardiert!

5. Die eingerollten Filets auf dem Grillrost bei mittlerer Hitze – unter stetem Rollen und Wenden – etwa 30 Minuten rösten.

6. Vor dem Anschneiden mit einem Küchentuch bedeckt noch bis zu 5 Minuten ruhen lassen.

➡ Füllung für Feingeister

250 g getrocknete Tomaten in Öl, gewürfelt
150 g getrocknete Sauerkirschen
100 g getrocknete Softaprikosen, grob gewürfelt
5 EL Büffelparmesan, fein gerieben
3 EL rote Zwiebeln, fein gewürfelt
2 EL Knoblauch, fein gewürfelt

ALLES WURST!

///

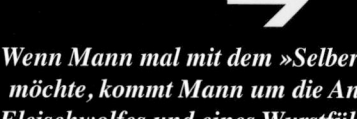

Wenn Mann mal mit dem »Selberwursten« starten möchte, kommt Mann um die Anschaffung eines Fleischwolfes und eines Wurstfüllers nicht herum. Zum Glück gibt es jedoch auch diese schneller gewickelte Variante zum Einstieg!

BASIC BOLLER

Zutaten für 4 Kerle

4 Frühlingszwiebeln • 1 Knoblauchzehe
1 kg gemischtes Hackfleisch (vom Metzger)
Salz und Pfeffer aus der Mühle
Schweinenetz (beim Metzger vorbestellen)

1. Frühlingszwiebeln putzen, Knoblauch abziehen und beides fein würfeln. Das Hackfleisch damit gut vermischen und mit Salz und Pfeffer würzen.

2. Kleine Bällchen oder Würste formen und mit dem zugeschnittenen Schweinenetz umwickeln. Es sollten etwa 4 bis 6 Bällchen oder Würste pro Person daraus gedreht werden.

3. Bei mittlerer Hitze ab auf den Grill. Rundum 20 bis 25 Minuten grillen.

→

Ein leichtes italienisches Bier (zum Beispiel Peroni) dazu gibt dem Schweigen am Grill eine urlaubsverdächtige Note …

Zutaten für 4 Kerle

1 Knoblauchzehe • 50 g getrocknete Tomaten
5 Salbeiblätter • 25 g Pinienkerne, gehackt • 1 TL Ahornsirup
1 kg gemischtes Hackfleisch (wenn möglich vom Kalb)
Salz und Pfeffer aus der Mühle
Schweinenetz (beim Metzger vorbestellen)

KLEINE ITALIENER

1. Knoblauchzehe abziehen und fein würfeln, die getrockneten Tomaten ebenfalls klein schneiden. Salbeiblätter, gehackte Pinienkerne und Ahornsirup dazugeben und vermischen.

2. Hackfleisch mit den vorbereiteten Zutaten gut vermengen und mit Salz und Pfeffer würzen.

3. Kleine Würste formen und in das zugeschnittene Schweinenetz einrollen.

4. Bei mittlerer Hitze auf dem Grillrost 15 bis 20 Minuten grillen.

→

**Fein geschnittener, frischer Rucola und ein paar Würfel Büffelmozzarella dazu …
Und schon beginnt die kulinarische Reise nach Italien.**

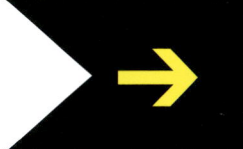

Hierzu kann Mann ganz genüsslich ein paar Grillkartoffeln reichen. Bei Folienkartoffeln nach dem Anschnitt einfach 1 Teelöffel Butter und 1 Esslöffel Sahne zum Zerstampfen in die Kartoffelspalte geben und das Ganze zur Wurst »löffeln«!

GRILLWURST
»OPP KÖLLSCHE ART«

Zutaten für 4 Kerle

250 g Blutwurst • 1 Gemüsezwiebel • 1 Apfel
3 Stängel frischer Majoran • 1 Stück Lebkuchen
750 g gemischtes Hackfleisch • Salz und Peffer aus der Mühle
Muskatnuss • Schweinenetz (beim Metzger vorbestellen)

1. Blutwurst abspülen, trockentupfen und in kleine Stücke schneiden. Gemüsezwiebel abziehen und würfeln. Apfel schälen, entkernen und das Fruchtfleisch zerkleinern.

2. Majoranstängel abwaschen, trockentupfen, die Blättchen von den Stängeln zupfen und fein schneiden. Lebkuchen zerbröseln.

3. Alle Zutaten mit dem Hackfleisch gut vermischen. Salzen und pfeffern, mit etwas Muskat abschmecken.

4. Die Masse zu dünnen Würsten formen und in das zugeschnittene Schweinenetz wickeln. Bei mittlerer Hitze 15 bis 20 Minuten grillen.

Bratwurstesser lieben besser.

Zutaten für 4 Kerle

250 g Krabben • 1 Bund frischer Koriander
3 rote Zwiebeln • 50 g Chips (Orient Style)
3 EL Kokosmilch • 750 g gemischtes Hackfleisch
Schweinenetz (beim Metzger vorbestellen)

1. Krabben abspülen, gut trockentupfen, pulen und hacken. Koriander waschen, trockentupfen, Blättchen von den Stängeln zupfen und zerkleinern. Zwiebeln abziehen und fein würfeln. Chips zerbröseln. Kokosmilch dazugießen und alle Zutaten mit dem Hackfleisch gut vermengen.

2. Masse zu kleinen Würsten formen und in das zugeschnittene Schweinenetz wickeln.

3. Nun umseitig bei mittlerer Hitze maximal 20 Minuten kross grillen.

➜ Die Hackfleischmischung nach Bedarf noch mit Zitronensaft abschmecken. Frischt auf!

150 g Feta • 2 rote Zwiebeln • 5 Knoblauchzehen
1 Bund frische Blattpetersilie
750 g Lammhackfleisch (frisch beim Metzger vorbestellen)
2 Eier • 1 TL Kreuzkümmelpulver • 1 TL Pimentpulver
1 TL Paprikapulver • 1 TL Biozitronenabrieb
Salz aus der Mühle • 2 EL Mineralwasser (mit Kohlensäure)
Schweinenetz (beim Metzger vorbestellen)

LAMM
FÜR LIEBHABER

*Hierzu etwas Tsatsiki und einen Ouzo
mit eiskaltem Wasser – oder ein herbes Bier,
passt natürlich auch.*

1. Feta zerbröseln, Zwiebeln und Knoblauch abziehen und würfeln. Petersilie waschen, trockentupfen, Blättchen von den Stängeln zupfen und klein schneiden. Mit den restlichen Zutaten gut vermengen.

2. Die Masse zu kleinen Bällchen formen.

3. Umseitig ins zugeschnittene Schweinenetz einrollen und etwa 15 Minuten auf mittlerer Hitze grillen.

1 Bund frischer Koriander • 1 EL frische rote Chilischote
3–4 Knoblauchzehen • 800 g gemischtes Hackfleisch
1 EL Bioorangenabrieb • 1 TL Zimtpulver • 1 TL Currypulver
1 TL brauner Zucker • 1 EL Salz aus der Mühle
Schweinenetz (beim Metzger vorbestellen)

'NE SCHARFE
N U M M E R

1. Koriander abwaschen, trocknen, die Blättchen von den Stängeln zupfen und klein schneiden. Chilischote klein hacken. Knoblauch abziehen und hacken.

2. Hackfleisch, Koriander, Chili und Knoblauch mit den anderen Zutaten gut vermengen. Zu kleinen Würsten formen und in das zugeschnittene Schweinenetz einrollen.

3. Schnell auf dem heißen Grillrost etwa 5 Minuten scharf umseitig anbraten. Dann am Grillrand etwa 10 Minuten lässig schmoren lassen.

Echt nur was für richtig scharfe Kerle!

WAIDMANNS
HEIL

Zutaten für 4 Kerle

200 g Tiroler Speck • 200 g braune Champignons
1–2 Knoblauchzehen • 1 Zweig frischer Thymian
2 EL Nussschrot • Salz, Pfeffer und Muskat aus der Mühle
600 g gemischtes Hackfleisch • Schweinenetz (beim
Metzger vorbestellen)

1. Tiroler Speck, Champignons und abgezogenen Knoblauch fein würfeln. Thymianzweig abspülen, trockentupfen, die Blättchen vom Zweig zupfen und klein hacken. Nussschrot mit den vorbereiteten Zutaten vermischen und nun noch nach Gusto mit Salz, Pfeffer und Muskat würzen.

2. Hackfleisch beigeben und alle Zutaten gut vermengen. Dann Würste formen und in das Schweinenetz einrollen.

3. Anschließend bei guter Hitze umseitig in 12 bis 15 Minuten durchgrillen.

Grillen ohne Feuer ist dem
Jäger nicht geheuer.

Zutaten für 4 Kerle

1 Zweig frischer Thymian • 1 TL Bioorangenabrieb
1 TL Biozitronenabrieb • 600 g Rinderhackfleisch
100 g Rosinen, in Rum getränkt • 50 g Mandelschrot
1 TL Zimtpulver • 2 Eier
Salz und Pfeffer aus der Mühle

Zum Wickeln

20 Blätter Mangold ohne Strunk

OSMANISCHE WURSTWICKEL

1. Thymianzweig abspülen, trockentupfen und die Blättchen vom Zweig zupfen. Mit Orangen- und Zitronenabrieb sowie den restlichen Zutaten vermischen.

2. Die Wurstmasse je in ein Mangoldblatt wickeln und sofort ab auf den Rost.

3. Unter ständigem Wenden umseitig etwa 12 Minuten grillen.

HER MIT MEER!

Zutaten für 4 Kerle

4 kleine Doraden, geschuppt und ausgenommen
1 Biozitrone • 2 EL Olivenöl

Für den vollen Bauch

1 Bund frischer Zitronenthymian
1 Bund frischer Rosmarin • 1 Bund frischer Salbei
4 frische Lorbeerblätter • 2 EL grobes Salz
2 EL ganze Pfefferkörnermischung • 1 EL Senfkörner

DORADE
MIT VOLLEM BAUCH

1. Doraden kalt abspülen und mit Küchenpapier gut trockentupfen.

2. Kräuter waschen, trocknen und die Nadeln/Blätter von den Zweigen und Stängeln zupfen. Bauchhöhlen der Doraden mit Salz, Pfeffer- und Senfkörnern füllen. Die frischen Kräuter dazugeben.

3. Zitrone waschen, trocknen, Schale abreiben und die Zitrone auspressen. Zitronensaft und -schale mit dem Olivenöl vermischen. Gefüllte Doraden von außen mit der Öl-Zitronen-Mischung bestreichen und ab auf den Grillrost damit!

4. Je Seite etwa 7 Minuten bei voller Hitze grillen.

Als echter Kerl, wehrt Mann
sich ja gegen die Grillschale!
Also einfach alle Zutaten in
eine leere Konservendose packen
und rauf aufs Feuer!
Natürlich gibt es hierzu auch
einen schönen Pernod mit
eiskaltem Wasser!

Zutaten für 4 Kerle

20 Riesengarnelen (Gambas), mit Schale, ohne Darm
1 Baguette

Für die Marinade

3 Knoblauchzehen • 3 EL Fenchelgrün
200 ml Anisschnaps (z.B. Pernod) • 1 TL Fleur de sel
1 EL Fenchelsaat • 1 leere Konservendose

GAMBAS
AUF FRANZÖSISCH

1. Riesengarnelen (Gambas) kalt abspülen und mit Küchenpapier gut trockentupfen. Dann von beiden Seiten 3 bis 5 Minuten direkt auf dem Rost grillen.

2. Knoblauchzehen abziehen und fein würfeln. Fenchelgrün klein schneiden. Anisschnaps und das Salz dazugeben.

3. Fenchelsaat kurz in einer Pfanne ohne Fett rösten. Dann mit den restlichen Zutaten für die Marinade in einer leeren Konservendose auf dem Rost einkochen lassen.

4. Anschließend die gegrillten Gambas darin umseitig etwa 5 Minuten fertig garen. Unbedingt etwas frisches Baguette zum Dippen dazu reichen!

WELS
IM WICKEL

Back to the roots

Zutaten für 4 Kerle

4 Welsfilets, ohne Haut und Gräten
4 Blatt Pergamentpapier • Alufolie
Limettensaft zum Beträufeln

Für die Marinade

4 Knoblauchzehen • 100 g getrocknete Tomaten
1 Bund frische Minze • 1 Bund frisches Basilikum
4 EL Olivenöl • Salz und Pfeffer aus der Mühle

→ Die Welswickel einen Tag vor dem Grillen rollen, so wird das Aroma noch intensiver!

1. Welsfilets kalt abspülen und mit Küchenpapier gut trockentupfen. Je 1 Filet auf 1 Blatt Pergament und Alufolie legen (Pergament innen!).

2. Knoblauchzehen abziehen und fein würfeln, getrocknete Tomaten ebenfalls in Würfel schneiden. Minze und Basilikum abwaschen, trockentupfen und Blätter abzupfen. Alle Zutaten für die Marinade fein pürieren.

3. Welsfilets mit der Marinade bestreichen und zu einem Bonbon zusammendrehen. Bei mittlerer Hitze etwa 15 Minuten grillen.

4. Nach dem Auspacken aus dem Pergament und der Alufolie je nach Gusto mit frischem Limettsaft beträufeln.

GETARNTER TEUFEL

4 Seeteufelfilets (je 250–300 g)
20 Scheiben Bauchspeck (ohne Knorpel)

Für die Tarnung

3 EL Szechuan- oder roter Kampot-Pfeffer
3 Knoblauchzehen • 3 EL schwarze Oliven
3 EL Kapern • 3 EL Bioorangenabrieb und
-saft • 3 EL Olivenöl

1. Seeteufelfilets kalt abspülen und mit Küchenpapier gut trockentupfen.

2. Pfefferkörner rösten und grob zerstoßen. Knoblauch abziehen und fein würfeln. Ebenso die Oliven in kleine Stückchen schneiden. Kapern hacken. Alle Zutaten für die Tarnung gut vermischen oder nach Belieben nochmals feiner zusammenhacken.

3. Je 5 Scheiben Bauchspeck auf einem Holzbrett leicht überlappend nebeneinander legen. Gleichmäßig mit der Mischung bestreichen und je 1 Filet fest darin einrollen.

4. Bei mittlerer Hitze jedes getarnte Filet umseitig 10 Minuten kross grillen.

Dieser Teufel schreit nach einem kalten Bier!

Der Gegner grillt auch nur mit Kohle.

1 ganze Lachsseite (ca. 1,2 kg)
Saft von 1 Zitrone

Für die Marinade

20 g frischer Ingwer • 2 EL Butter
2 EL helle Sojasauce • 2 EL Sake

LÄSSIGER LACHS

1. Lachsseite kalt abspülen und mit Küchenpapier gut trockentupfen.

2. Ingwer schälen und fein würfeln. Butter zerlassen. Mit den restlichen Zutaten für die Marinade verrühren und den Lachs damit umseitig einpinseln.

3. Etwa 30 Minuten marinieren lassen. Anschließend auf der Hautseite direkt auf dem heißen Rost etwa 7 Minuten kross werden lassen.

4. Anschließend von der Haut- auf die Fleischseite umdrehen und nochmals etwa 5 Minuten grillen.

5. Zitronensaft darübergießen und ab dafür!

SARDINEN NACH FISCHERART

Ein kulinarischer
Ausflug nach Portugal!

Zutaten für 4 Kerle

24 ganze, frische Sardinen • 10 Knoblauchzehen
200 ml Olivenöl • 1 EL grobes Meersalz

1. Sardinen kalt abspülen und mit Küchenpapier gut trockentupfen. Umseitig bei starker Hitze maximal 7 Minuten kross rösten.

2. Knoblauchzehen abziehen und leicht andrücken. In einem kleinen Topf das Öl mit dem Salz erhitzen und die angedrückten ganzen Knoblauchzehen etwa 10 Minuten auf dem Grill darin erhitzen.

3. Das herzhafte Knoblauchöl mit einem Löffel vorsichtig auf den Rücken der Sardinen geben und von der Rückengräte abgleiten.

2 Wolfsbarsche, geschuppt und ausgenommen
Salz und weißer Pfeffer aus der Mühle • 2 Stiele Zitronengras
2 frische Lorbeerblätter • 4 Limetten • 2 Zitronen
2 Frühlingszwiebeln • Olivenöl

WILDE WOLFS-BARSCHE

1. Wolfsbarsche gründlich kalt abspülen und mit Küchenpapier gut trockentupfen. Die Bauchhöhlen salzen und pfeffern.

2. Zitronengrasstiele gut andrücken. Lorbeerblätter leicht einschneiden. Limetten und Zitronen schälen und würfeln. Frühlingszwiebeln waschen, abtrocknen und in der Mitte längs halbieren.

3. Wolfsbarsche nun jeweils mit 1 Zitronengrasstiel, 2 gewürfelten Limetten, 1 gewürfelten Zitrone, 1 leicht angeschnittenen frischen Lorbeerblatt, 1 längs halbierten Frühlingszwiebel füllen und die Bauchhöhlen mit einem Zahnstocher verschließen.

4. Wolfsbarsche auf dem heißen Rost auf jeder Seite maximal 15 Minuten kross grillen.

5. Fische filetieren und zusammen mit der Füllung servieren. Etwas Olivenöl sowie Salz und Pfeffer aus der Mühle runden dieses wilde Aroma ab.

Schick den Wolfsbarsch auf seine letzte kleine Reise!
Eine Fenchelknolle mit Grün in feine Stifte schneiden und in einer Stahlschüssel mit 8 Zentiliter Anissschnaps (zum Beispiel Pastis) übergießen. Den Saft von 3 Bioorangen inklusive Abrieb dazu. Etwas Salz, Zucker, Curry hinzugeben und 1 Esslöffel fein gesalzene Butter. Die Schüssel etwa 5 Minuten auf den heißen Grill stellen und alles lauwarm, gut gemischt mit den ausgelösten Filets servieren!

SEPIA
CON SALSA

Zutaten für 4 Kerle

8 mittelgroße, frische Sepiatuben, gut gewässert
und abgetrocknet • Salz

Für die Salsa

1 Gemüsezwiebel • 3 Knoblauchzehen
2 Bund Koriander • 10 g frischer Ingwer
2 EL Limettensaft • 2 EL Olivenöl
Salz und Pfeffer aus der Mühle

1. Sepiatuben auf der Außenseite mit einem scharfen Messer längs einritzen, mit etwas Olivenöl bestreichen und leicht salzen.

2. Gemüsezwiebel und Knoblauchzehen abziehen und fein würfeln. Koriander waschen, trocknen und die Blättchen von den Stängeln zupfen. Ingwer schälen und in kleine Würfel schneiden.

3. Alle Zutaten für die Salsa zu einer kompakten Masse vermengen und diese etwa 1 Stunde lang abgedeckt im Kühlschrank ziehen lassen. Nach Gusto etwas braunen Zucker dazu!

4. Sepiatuben von beiden Seiten auf dem heißen Rost 4 bis 5 Minuten grillen. Die Salsa dazu servieren.

SCHNELLE GESELLEN!

EIN RICHTIGER KERL RIECHT NACH WELT …

B E S O F F E N E R
KNOBLAUCH

Zutaten für 4 Kerle

1 Biozitrone • 4 frische junge Knob-
lauchknollen • 200 ml Bier • 1 TL grobes Salz • 1 Zweig frischer Rosmarin
1 leere Konservendose

1. Zitrone gut abwaschen, trockenreiben und mit der Schale fein würfeln. Knoblauch quer halbieren und mit der Schnittfläche in die mit Bier, Zitronenwürfeln, Salz und Rosmarin gefüllte Dose legen.

2. Den Knoblauch auf dem Grillrost bei direkter Hitze etwa 15 Minuten schmoren lassen.

3. Den Knoblauch aus der Dose nehmen, leicht andrücken und auf den gegrillten Fleischstücken verteilen – oder auf warmem geröstetem Brot servieren. Passt auch mit etwas Butter vermengt hervorragend zu Grillkartoffeln!

TSATSIKI

Zutaten für 4 Kerle

2 Salatgurken • 5 Knoblauchzehen • 2 Biozitronen
300 g griechischer Joghurt • 5 EL Olivenöl
Salz und Pfeffer aus der Mühle

1. Salatgurken schälen, entkernen und grob raspeln. Knoblauch abziehen und fein würfeln. Zitronen waschen, abtrocknen, Schale abreiben und Zitronen anschließend auspressen.

2. Mit den restlichen Zutaten in einer Schüssel gut vermengen. Im Kühlschrank mindestens 1 Stunde ziehen lassen und vor dem Servieren noch mal abschmecken.

Servieren Sie zum Tsatsiki immer etwas frisch geröstetes Brot.
1 Bund frische, gezupfte Minze fein geschnitten im Tsatsiki
verführt vielleicht auch ein paar Ladys …

DIE BESTE BASIS
(GRUNDREZEPT)

Zutaten für 4 Kerle

250 ml Rapsöl mit Butteraroma (z. B. Albaöl)
3 Eigelbe • 1 EL milder Senf • 1 EL Weißweinessig
Salz und weißer Pfeffer aus der Mühle

• Alle Zutaten mit einem Schneebesen, einer Küchenmaschine oder einem Pürierstab zu einer Mayonnaise fein schlagen.

ZACKIGE ZITRUS-MAYO

• Im Grundrezept das Rapsöl durch Olivenöl und den Essig durch Zitronen- oder Limettensaft sowie -abrieb ersetzen.

• Zum Grundrezept einfach etwas Ketchup (maximal 1 Esslöffel) sowie 1 Esslöffel guten Cognac geben und verrühren.

COGNAC-COCKTAIL

GRÜNE
HÖLLE

• 3 Stängel frischen Estragon und 3 Stängel frische Zitronenmelisse waschen, trockentupfen, die Blätter von den Stängeln zupfen und fein hacken. 3 Frühlingszwiebeln waschen und klein schneiden. Alle Zutaten vorsichtig unter das Grundrezept heben und je nach Gusto abschmecken.

BEGLEITDAME
(SCHNELLE INGWER-TOMATEN-SALSA)

Zutaten für 4 Kerle

20 g frischer Ingwer • 2 rote Zwiebeln
300 g gelbe Tomaten • 1 Bund frische Minze
1 Bund frischer Koriander • Saft von 3 Limetten
1 EL Ahornsirup • 2 EL Olivenöl
Salz und Pfeffer aus der Mühle

Die Salsa ist ein geschmeidiger Begleiter zu gegrilltem Fisch. Mit etwas Hüttenkäse macht sie sich übrigens auch gut als lässiger Brotaufstrich!

1. Ingwer schälen, Zwiebeln abziehen. Beides fein würfeln. Tomaten ohne Strunk in kleine Würfel schneiden. Kräuterblättchen abzupfen und fein schneiden.

2. Alle Zutaten in einer großen Schüssel vorsichtig mit einem Holzlöffel vermengen, mit Salz und Pfeffer würzen.

3. Die Sauce bei Zimmertemperatur etwa 10 Minuten ziehen lassen und direkt servieren.

Zutaten für 4 Kerle

1 kg frischer grüner Spargel – oder wahlweise
1 kg frische Möhren oder Staudensellerie, grob gestiftelt
Salz

Für den Mantel

Tiroler Speck (je Spargelstange 1 Scheibe)
4 EL Ahornsirup

GRÜNER SPARGEL

IM SPECKMANTEL

1. Spargel um etwa 2 Zentimeter am Strunk beschneiden und in kochendem Salzwasser etwa 3 Minuten blanchieren.

2. Jede Speckscheibe mit etwas Ahornsirup bestreichen und je 1 Spargelstange damit rundum einrollen.

3. Die eingewickelten Spargelstangen bei direkter Hitze auf dem Grill umseitig etwa 5 Minuten kross und knusprig grillen.

GEGRILLTE MAIS-KOLBEN

Zutaten für 4 Kerle

4 junge frische Maiskolben im Blatt

Für den Anstrich

100 g fein gesalzene Butter (zimmerwarm)
1 EL Currypulver • 1 EL Chiliflocken

→

Noch hart oder schon weich? Nach 20 Minuten einen Maiskolben mit dem Messer anschneiden und mit einem Probebiss den Gargrat testen!

1. Maiskolben leicht aus den Blättern brechen und in einem Topf mit sprudelndem Wasser rund 20 Minuten garen.

2. Butter mit Gewürzen gut durchmengen und die fertig gekochten Maiskolben damit einpinseln.

3. Die Maiskolben etwa 10 Minuten unter stetem Wenden auf dem heißen Rost grillen.

ROTES HERZ

MIT SCHWARZER SEELE

1. Bullenherzen waschen und trockentupfen. Oben einen Deckel mit dem Strunk abschneiden und das Fruchtfleisch vorsichtig mit einem Löffel aus den Tomaten herauslösen.

2. »Tomatenherzöl« zubereiten: Fruchtfleisch zusammen mit Olivenöl, Salz und Pfeffer mit dem Schneebesen glatt rühren.

3. Oliven grob hacken. Knoblauchzehen abziehen und fein würfeln. Rosmarin waschen, trocknen, die Nadeln von den Zweigen zupfen und zerhacken. Sardellenfilets in kleine Stücke schneiden. Gemüsezwiebel abziehen und grob würfeln. Alle Zutaten gut vermengen und die Bullenherzen damit befüllen.

4. Nun die gefüllten Bullenherzen auf einer Grillschale in etwas Olivenöl und mit Alufolie bedeckt bei indirekter Hitze etwa 15 Minuten schmoren.

5. Beim Servieren mit dem »Tomatenherzöl« (siehe Punkt 2) übergießen.

Saulecker zu
Rind und Lamm!

SPEED-MARINADEN FÜR JEDERMANN

Super geeignet für:
Kalbskoteletts,
ganze Lachsseiten,
alle Schweine-
fleischstücke,
Hähnchenkeulen

ASIA-SENF-MARINADE

Zutaten für 4 Kerle

3 EL frischer Ingwer • 2 Knoblauchzehen
6 EL Senf • 4 EL Honig

Ingwer schälen und fein schneiden. Knoblauchzehen abziehen und würfeln. Alle Zutaten gut vermischen und das Fleisch damit über Nacht im Kühlschrank marinieren.

SWEET-CHERRY-CHILI

Zutaten für 4 Kerle

4 frische Chilischoten • 1 Flasche Cherry Cola
6 EL Olivenöl • 3 TL Räuchersalz

Super geeignet für:
Loin- & Beef-Ribs, Nackenkoteletts.
Rib-Eye

Chilischoten entkernen und fein würfeln. Alle Zutaten gut vermischen und das Fleisch damit über Nacht im Kühlschrank marinieren.

ANANAS-SOJA-MARINADE

Super geeignet für:
jede Geflügelsorte, Gambas

Zutaten für 4 Kerle

100 g Ananas aus der Dose • 3–4 Knoblauchzehen
1 rote Zwiebel • 5 EL helle Sojasauce • Salz

Ananas, Knoblauch und Zwiebel (ohne Schale) fein würfeln. Alle Zutaten gut vermischen und mit etwas Salz abschmecken. Nun das Fleisch über Nacht im Kühlschrank darin marinieren.

Zutaten für 4 Kerle

3 Biolimetten • 500 ml Kokosmilch
5 EL Currypulver • 1 EL Salz

Limetten waschen, abtrocknen, Schale abreiben und Limetten auspressen. Alle Zutaten gut vermischen und die Fleischstücke darin über Nacht im Kühlschrank marinieren.

CURRY-KOKOSMILCH-MARINADE

Super geeignet für: alle Geflügelsorten und -teile,
Fischspieße, Schaltiere

REZEPTREGISTER